塵世便是唯一的天堂！
永保赤子之心的幽默大師

Lin Yutang

林語堂

小小鼓浪嶼貫穿一生的愛恨情仇，
一根菸斗與含笑面容勾勒出至情至性人生

首部以散文形式寫成的林語堂傳記

全新解讀真實林語堂，再現文人的真性長歌

他代表的不是一個人，而是一個時代

潘劍冰 著

目 錄

3

目錄 ─────────────

目錄

目錄 ————————————————

目錄 ━━━━━━━━━━━━━━━━━━━━

一　菸斗與笑容

林語堂認為：「人必有痴，而後有成。」一根小小的菸斗，勾勒出來的卻是林語堂的整個人生。

從一張照片說起

翻閱許多關於林語堂的照片，有這樣一張照片讓我的內心久久無法平靜。在我的理解中，這也許是最能代表林語堂精神的一張照片了。照片上的林語堂身穿長衫，笑容可掬，手持碩大的菸斗，如果我們細心一點的話還可以發現他拿菸斗的姿勢並不是標準的握式，而是只用一根手指不經意地握住這根菸斗。

　　余光中認為，這個世界上只有一種人可以讓時間停住三秒，那就是攝影師。但這只是表面，所有的攝影師都可以讓時間停留三秒，但唯有高明的攝影師才能讓這三秒成為永恆。我很佩服為林語堂拍攝這張照片的攝影師，他捕捉機會的能力簡直令人驚嘆，這樣的照片一定是產生於一個稍縱即逝的瞬間，才會如此的真實和生動，並且正如王羲之酒醉時寫的《蘭亭集序》，之後是無法複製的。我看過許多類似的照片，要麼表情過於嚴肅，要麼姿勢過於隆重，跟這張照片相比，都顯得有點刻意和做作，更無法反映出一個完整的林語堂。

　　大部分人看照片喜歡看一個人年輕時的容顏，因為人老了總不如年輕時來的漂亮。譬如李敖，在他的觀念中，看到老去的奧黛麗·赫本或者伊麗莎白·泰勒的樣子簡直是對自己心靈的一種摧殘和折磨。但也有例外的，在莒哈絲的《情人》中，一開頭就這樣描述道：「我已經老了，有一天，在一處公共場所的大廳裡，有一個男人向我走來。他主動介紹自己，他對我說：『我認識你，永遠記得你。那時候，你還很年輕，人人都說你美，現在，我是特地來告訴你，對我來說，我覺得現在的你比年輕的時候更美，那時你是年輕女人，與你那時的面貌相比，我更愛你現在備受摧殘的面容。』」

　　而在我看來，要看林語堂的照片就一定要看老年的林語

堂，年輕時的林語堂和老年的林語堂相比，可以用林語堂的好友郁達夫在《故都的秋》裡面的一段話來作總結：正像是黃酒之與白干，稀飯之與饃饃，鱸魚之與大蟹，黃犬之與駱駝。換句話說，那味道，差遠了！林語堂只有以老者和長者的形象出現在我們面前時，才會如此親切和動人。

晚年的林語堂歷盡人世滄桑，經過了遠行之苦，破產之悲，喪女之痛，但難能可貴的是，他仍然保持著一顆純真的赤子之心。照片上的林語堂，笑得如此燦爛和放鬆，動作又如此隨意和從容，隱隱之間讓我們感受到了一股返璞歸真的震撼。在中國人的文化中，笑總是跟悟連繫在一起，所以佛祖拈花，迦葉「破顏微笑」，佛祖就把禪宗的衣缽傳與了他。此時的林語堂，應該也大徹大悟了吧！

菸斗的背後

許多文人都有一些特殊的癖好。蘇東坡酷愛竹，他有一句話讓如今賣竹地板的都為之興奮不已——可使食無肉，不可使居無竹；無肉令人瘦，無竹令人俗。宋代大書畫家米芾則愛石，出門見到奇峰異石必要頂禮膜拜，口呼「石兄」。現代的邏輯學大師金岳霖終身不娶，以養雞為樂，每餐與雞們平等共食，安之若素。另外，一些文人的癖好甚至影響到他們的寫作，德國大戲劇家席勒只有聞爛蘋果才能找到寫作

13

的靈感，他的書桌抽屜裡全是爛蘋果。而美國作家海明威只有站著才能寫出東西，一旦「坐」著就成不了「家」。

我覺得，一個沒有癖好的文人簡直是讓人難以接受的，沒有癖好意味著沒有缺點，這樣的人我們只好像孔子對待鬼神一樣敬而遠之。對此，明代文學家張岱也深有同感，他說：「人無癖不可與交，以其無深情也；人無疵不可與交，以其無真氣也。」

相比之下，林語堂的癖好要中庸得多，他的癖好是愛抽菸，這同時也是中國大多數男人的嗜好，但是抽菸要抽到林語堂這樣的境界可不容易。林語堂抽菸已經成為全世界菸民的楷模，他的名言「飯後一根菸，賽過活神仙」被菸民們奉為箴言，他的宣言「只要清醒，就抽菸不止」更讓很多業餘菸民望塵莫及。

物以類聚，人以群分，林語堂甚至以抽菸來判定一個人的品格。他認為，抽菸的人都是好丈夫，因為口含菸斗，不能高聲叫罵，也就不能和太太吵架了。他老婆允許他在床上吸菸，他對此引以為傲，說這是幸福婚姻的代表。他以抽菸與否結交朋友，因為「口含菸斗者是最合我意的人，這種人比較和藹、較為懇切、較為坦白，又大都善於談天。我總覺得我和這般人能彼此結交相親」。他還高調地唱出口號：口含菸斗的人都是快樂的，而快樂終是一切道德效能中之最大

者。他甚至要求別人將來在自己的墓碑上刻上這樣一行字：此人文章煙氣甚重。

林語堂的菸癮簡直可以媲美劉伶的酒癮。「天生劉伶，以酒為名」，「竹林七賢」中的劉伶以好酒而聞名，他出行時乘鹿車，手持一罎酒邊走邊喝，吩咐僕人拿鋤頭跟在後面，叮囑他「死便埋我」。劉伶在屋內喝酒還喜歡搞點行為藝術，要把自己脫得一絲不掛，別人進來責怪他有傷風化，他還挪揄人家：「我以天地為棟宇，屋室為褲衣。諸君何為入我褲中？」劉伶酒醒了也會寫文章歌頌酒，故有《酒德頌》傳世。這一點，林語堂也是一樣，他對菸的頌揚從他主編《論語》時就開始了，後來他還誇張地說，自己可以在翻閱舊作時聞出哪一頁尼古丁比較多。並且，林語堂最有名的長篇小說《京華煙雲》命名時也加了一個「煙」字。

提到林語堂抽菸，這樣一根代表性的大菸斗是無法跳過去的。菸斗這一古老的事物甚至可能比菸草的歷史還長，然而隨著文明的發展，簡單方便的香菸卻大有把菸斗擠進博物館的態勢。的確，想用菸斗來抽菸，你必須具備很高的涵養，得有釣魚般的耐心，下棋般的冷靜，得達到「不溫不火」的境界：吸快了會燙到手和嘴，而吸慢了又可能會熄火。而平時的照料菸絲、填裝菸草、清理炭層、養護菸管等種種瑣碎複雜的事情更是一般人所無法忍受的。另外，一支 8 公分

的香菸，大約燃燒 8 分鐘。而享用一斗菸絲，則需要 40 分鐘甚至更久，因此，一個性情浮躁的人是無緣於享用菸斗的。

即使如此，還是有人對菸斗愛不釋手，在他們心裡，香菸的味道千篇一律，機械而又單調，缺乏人文關懷，買來一包菸，裡面十根菸的味道一模一樣，這簡直是個噩夢。而用菸斗抽菸就不一樣了，即使同樣的一盒菸絲，也會由於菸絲的乾溼、填裝的深淺、菸管長短的不同，每一斗都各有各的味道。由此我發現，那些熱愛菸斗的名人通常都是一些深刻而有趣的人，譬如馬克·吐溫、愛因斯坦、沙特、丘吉爾等。馬克·吐溫幽默地告訴上帝「如果天堂裡沒有菸斗，我寧願選擇地獄」。沙特則風趣地形容香菸是「虛無」，菸斗是「存在」。愛因斯坦曾經這樣生動地解釋自己的「相對論」：如果你坐在一個火爐上面，你會覺得一分鐘像一個小時；而如果你坐在一個美女身邊，你會覺得一個小時像一分鐘，這就是「相對論」。我相信，愛因斯坦說這句話的時候，一定是嘴裡搭著一管菸斗，一邊吐煙泡一邊緩緩地說。

毫無疑問，林語堂也是這類深刻有趣的眾人中的一個。但我並不認為林語堂最早使用菸斗是為了培養自己的耐心，如果考究林語堂使用菸斗的原因，那就更加有趣了。

林語堂最早對菸斗發生興趣據考證來自於他所喜愛的清代文學家 ——《四庫全書》總編纂紀曉嵐，他曾經不止一

次在文章裡表達了自己對紀曉嵐那根特大號菸管的仰慕。我們知道，紀曉嵐菸癮極大，普通的菸斗不能滿足他的菸癮，便特地請工匠製了一個比普通的菸斗大四五倍的菸斗。有一次，這根菸斗被小偷竊走，紀曉嵐笑著對家丁說：「我的菸斗特別大，絕沒有人要用。你們拿兩弔錢到琉璃廠舊貨肆，保你能找來。」果然不出所料，家丁在琉璃廠找到了這根菸斗。

葛天氏之樂

儘管林語堂抽菸抽出了境界，但在中國，提到文學家與菸的關係，恐怕我們大多數人腦海中第一個出現的圖像並不是林語堂，而是魯迅。

在魯迅的文章《一覺》中，他這樣寫道：「我疲勞著，捏著紙菸，在無名的思想中靜靜地合了眼睛，看見很長的夢，忽而驚覺，身外也還是環繞著昏黃，煙霧在不動的空氣中上升，如幾片小小夏雲，徐徐幻出難以指名的形象。」可見，即使在抽菸時，魯迅也未能得到徹底的放鬆，相反，他抽菸只是為了更好地提振自己的精神，以便提高警覺，更好地發現那些昏暗中向自己撲過來的敵人，隨時把自己的投槍和匕首向他們扔過去。

此時的魯迅，即將走到生命的盡頭，但他心中的鬥志並沒有因此有絲毫的衰減。在他的遺囑裡，他表達了將戰鬥進

行到底的願望，並向對手宣告：「讓他們怨恨去吧，我一個也不饒恕。」

在魯迅「不饒恕」的人當中，林語堂或許也是其中的一個。魯迅與林語堂本為好友，卻由小事走向了對立，令人唏噓，林語堂在這年魯迅逝世後，寫了一篇《魯迅之死》，裡面說道：「魯迅與我相得者二次，疏離者二次，其即其離，皆出自然，非吾與魯迅有輕軒於其間也。吾始終敬魯迅：魯迅顧我，我喜其相知，魯迅棄我，我亦無悔。大凡以所見相左相同，而為離合之跡，絕無私人意氣存焉。」

我們可以看出，同作為「骨灰級」的菸民，林語堂對魯迅始終有一種特別的感情，或許這就是所謂的「惺惺相惜」吧。

拋開兩人之間的恩怨，從養生學的角度來講，如果魯迅能像林語堂那樣，在抽菸的瞬間暫時中斷與塵世的連繫，獲得片刻的輕鬆，或許他不會如此英年早逝，我們也可以讀到更多高山仰止的文章。

古人常以「葛天氏之樂」來形容一個人無憂無慮，逍遙自在的狀態，作為菸者的林語堂，當他的臉上寫滿了「快然自足，而不知老之將至」的陶醉，這時的他或許已經感悟到了所謂的「葛天氏之樂」吧，從這一點來看，菸者的林語堂是幸福的。在林語堂《秋天的況味》中，我們可以清晰地讀到他的這種幸福感：

秋天的黃昏，一個人獨坐在沙發上抽菸，看菸頭由灰之下露出紅光，微微透露出暖氣，心頭的情緒便跟著那藍煙繚繞而上，一樣的輕鬆，一樣的自由。不轉眼，繚煙變成縷縷細絲，慢慢不見了，而那霎時，心上的情緒也跟著消沉於大千世界，所以也不講那時的情緒，只講那時的情緒的況味。待要再劃一根洋火，再點起那已點過三四次的雪茄，卻因白灰已積得太多而點不著，乃輕輕的一彈，菸灰靜悄悄的落在銅爐上，其靜寂如跟我此時用毛筆寫在紙上一樣，一點聲息也沒有。於是再點起來，一口一口地吞雲吐霧，香氣撲鼻，宛如偎紅倚翠溫香在抱情調。於是想到煙，想到這煙一股溫煦的熱氣，想到室中繚繞黯淡的煙霞，想到秋天的意味。這時才憶起，向來詩文上秋的含義，並不是這樣的，使人聯想的是蕭殺，是淒涼，是秋扇，是紅葉，是荒林，是萋草。然而秋確有另一意味，沒有春天的陽氣勃勃，也沒有夏天的炎烈迫人，也不像冬天之全入枯槁凋零。我所愛的是秋林古氣磅礴氣象。

二　一官歸去來

> 「頂天立地，獨來獨往」這八個字是林語堂寫下送給好友張大千的，能夠得到林語堂如此讚譽的人實在不多，可見其對張大千的欣賞。這八個字也正是林語堂理想中的文人品格。

封侯非我意

據《楹聯叢話》載，鄭板橋辭官歸田後，一日在家宴客，朋友李嘯村送來一聯，上書：「三絕詩書畫，一官歸去來」。板橋為之傾倒，引為知己。此聯將鄭板橋辭官比作陶淵明歸隱，確是對他人生的最好總結。

歷史學家兼外交家蔣廷黻一生在學術和從政上均大有建樹，有一次朋友李濟問他：「廷黻，照你看是創造歷史給你精神上的快樂多，還是寫歷史給你精神上的快樂多？」蔣廷黻沒有正面回答，而是反問李濟：「濟之，現在到底是知道司馬遷的人多，還是知道張騫的人多？」蔣廷黻給我們留下了一個謎。但這個問題要是放在林語堂身上，就變得異常簡單了。

林語堂一生當官的次數不多，但幾乎都是以迅速失敗的結果而告終，不管是在政治界還是學術界。

1926 年，32 歲的林語堂離開北京，出任廈門大學文科主任兼國學院總祕書。在林語堂的積極奔波下，廈大國學院迎來了魯迅、孫伏園、沈兼士、顧頡剛等知名教授，一時聲名大振。但好景不長，國學院的興盛遭到了別人的忌恨，以理科主任劉樹杞為首的反對派千方百計排擠國學，孫伏園、沈兼士相繼離開，魯迅也被迫南下廣州。林語堂為此找校長林文慶理論，林以經費不足為由將他打發，但學聰明了的林語堂在財務室發現林文慶其實每個月都固定向校董陳嘉庚領取國學院經費 5,000 元，只不過挪作他用了。一怒之下，林語堂離開了廈大，到上海去。

1927 年，離開廈大幾個月後，林語堂來到了武漢，出任武漢國民政府副祕書長，地位僅次於部長陳友仁。這可以算是林語堂人生中唯一一次真正的宦海生涯，但它只持續了不到半年。在武漢國民政府的幾個月時間裡，林語堂看清了各種各樣的政治投機分子的醜惡嘴臉，這些人為了利益爾虞我詐，前腳還跟你稱兄道弟，後腳卻把你踹進泥潭，林語堂把這些人成為「肉食動物」，自己則是「草食動物」。而林語堂所信任的國民政府除了旗幟換成青天白日，本質上與北洋軍閥並無不同。這一切，都讓林語堂心灰意冷，於是不到半年就掛印離去。

1954 年，林語堂受聘出任籌備中的新加坡南洋大學第

一任校長，但這個經歷猶如曇花一現，他和校方很快由於經費及意識上的差異產生分歧，進而分道揚鑣。這樣，林語堂對南洋大學最大的貢獻，就只有他那被引為笑談的「火腿理論」了。他說：「薰火腿的辦法，或許是培養學生的一個好辦法。要薰火腿，我們須將生肉放入室中，以煙薰之，久而久之，它必成為火腿。為辯論起見，我可以說，我們也可以將學生關在圖書館裡，任他們在裡面抽菸，或打瞌睡，但久而久之，他們會對求學問發生興趣，而成為學問豐富的人。」

我和春天有個約會

在所有林語堂辭官的經歷中，我覺得最能展現其個性與精神的莫過於他在 1949 年辭去了聯合國教科文組織藝文組主任一職。如果說以上的辭官經歷皆帶有「眾人皆醉我獨醒」的憤怒或者「世味年來薄似紗」的不滿，那麼這一次辭官則純粹是因為繁忙之公務，勞形之案牘束縛了自己的身心。

彼時，林語堂因發明中文打字機一事瀕臨破產，出任聯合國的官職頗有迫於「稻粱謀」之意，但他一旦經濟狀況稍有好轉，立即呈上辭職信，搬到法國南部坎城的一幢小別墅「養心閣」裡。「養心閣」坐落在小山坡上，面對碧波粼粼的地中海，林語堂在這裡可以悠哉地喝咖啡，晒太陽，看漁人滿載而歸的喜悅。

　　林語堂在辭官前一定體會到了當年蘇轍在《東軒記》裡那種充當鹽酒稅吏為世事纏身的痛苦，當他辭官後也一定深深領悟了陶淵明「久在樊籠裡，復得返自然」的樂趣。我不知道他決定辭官的瞬間是作何感想，但我聽過這樣一個故事：哈佛大學一個著名教授正在授課，忽然教室外面傳來了布穀鳥的叫聲，教授心裡一震，拋下課本，說道：「對不起，我和春天有個約會。」說著就走出了教室。我想林語堂辭官時的心情一定和教授聽到布穀鳥叫聲的瞬間很相似吧！

　　1966 年，旅居美國三十餘載的林語堂決定回臺灣定居。政府對此歡欣鼓舞，為了表示對林的尊敬，除了要為他建一棟房子，還準備以考試院副院長一職相授。

　　但這次已過古稀的林語堂終於成熟了，他接受了房子，卻婉拒了考試院副院長的職位。

　　林語堂回臺的這一年，胡適已經去世四年了，其墓地設在臺灣中央研究院附近的山坡上。

　　林語堂在臺灣的歲月裡經常一個人來到胡適墓前，靜靜地憑弔這位與自己相交半生的人物。胡適的墓碑上刻著于右任書寫的「中央研究院院長胡適先生之墓」，但林語堂對此並不是很滿意。或許他認為，「中央研究院院長」這幾個字未必最合胡適自己的心意。作為「五四」以來文人從政的典型，知識分子「學而優則仕」的傑出代表，胡適有太多的東

二　一官歸去來

西讓林語堂感慨。1958 年 4 月 8 日，胡適從美國回到臺灣，兩天後，就任中央研究院院長。在就職典禮上，胡適和前來祝賀的蔣介石發生了摩擦。老蔣在祝辭中希望中央研究院配合政府完成「反共抗俄」使命，胡適卻提出了「豈可由『領袖』指定研究任務」的觀點針鋒相對。

遺憾的是，胡適終究沒有實現其學術獨立和言論自由的理想。1960 年胡適在背後支持的《自由中國》雜誌被國民黨強制停刊，發行人雷震被捕，而後又被判處十年監禁。胡適的自由主義思想在臺灣終告破滅。

1961 年 7 月 26 日，在雷震 65 歲壽辰之際，病中的胡適仍手抄南宋詩人楊萬里的《桂源鋪》紀念雷震：

萬山不許一溪奔，
攔得溪聲日夜喧。
到得前頭山腳盡，
堂堂溪水出前村。

「堂堂溪水出前村」，胡適終究沒有等到這一天。在宦海中浮沉的胡適早已油盡燈枯，以至於後半生的胡適在學術上一直裹足不前，而成為自由文人的魯迅直到生命最後幾年其成就仍然蔚為大觀。於是，人們常常扼腕嘆息：如果胡適不從政，他的後半生會不會是更宏大的一番景象？

頂天立地，獨來獨往

「頂天立地，獨來獨往」這八個字是林語堂寫下送給好友張大千的，能夠得到林語堂如此讚譽的人實在不多，可見其對張大千品格的欣賞。

身為一代國畫大師，張大千在中國解放前夕離開大陸。新中國成立後，中國的高層領導人曾多次過問張大千的回歸問題。周恩來不僅讓徐悲鴻寫信婉言相勸，還指示有關部門，擇機動員張大千回國。但張大千最終拒絕了大陸方面的盛情邀請。

後來，張大千的好友謝稚柳在答記者問時道出了張大千不肯回國的真正原因：「第一，張大千自由散漫，愛花錢，在中國，沒有這樣的條件。第二，張大千自由主義很強烈。要是讓他當人大代表、政協委員、美協理事等職，經常要開會，肯定吃不消。張大千這人，只適宜寫畫，不適宜開會，他不擅說話，更不擅作大報告。」

的確，從這兩點來看，在當時的環境下，張大千不去中國的決定是正確的。像張大千這類性格的人，只有遠離政治的喧囂，其藝術生命力才有可能欣欣向榮，這一點，毫無疑問，張大千自己也是十分清楚的。

林語堂讚美張大千「笑起來，仍是一般小孩子氣」。張大千曾有詩云「萬里河山頻入夢，掛帆何日是歸年」，他何嘗不

想回來，只是當時張大千要是回中國，這樣的笑容可能也就難以為繼了。

　　如果說張大千當年沒有選擇回中國是因為大陸的環境讓他無所適從，那麼現在這麼多專家學者文人熱衷於從政做官，就讓人們感到無所適從了。

三　懷舊鼓浪嶼

小小的一個鼓浪嶼，竟然貫穿了林語堂一生的愛恨情仇。走進鼓浪嶼，林語堂就讀的中學舊址、結婚的教堂以及關乎他愛情與婚姻的兩座別墅，都彷彿在向我們訴說著大師至情至性的一生。

時光駐足的地方

福建作家朱以撒寫過一篇散文《時光堆積的地方》，他說到了博物館，發現每一個地方都是用時光堆積而成的。參照他的說法，我也給鼓浪嶼下了這樣一個定義：時光駐足的地方。

無數次，我們在小巷，在海邊，在廢棄的院落，在人群中，在寂靜的夜裡……讓快樂和平靜盡情釋放，更多時候，我們停留，在某一個時刻，某一個地方，沉默，聆聽……任時光流淌。

這段話摘抄自一本描寫鼓浪嶼生活的書，書名取得很好 ──《迷失鼓浪嶼 ── 時間是用來浪費的》。在鼓浪嶼，最有主角精神的不是人，而是貓，這裡流浪貓隨處可見，慵懶地晒著太陽，或吹著帶有腥味的海風沉沉入睡，讓人羨慕得恨不得一把抓起牠們扔進海裡。

三　懷舊鼓浪嶼

　　在這樣一個寧靜、悠閒、節奏緩慢得令人窒息的地方，林語堂度過了小時候的求學時光，鼓浪嶼也留下了他愛情與婚姻的印記。林語堂後來在快節奏的美國出版了他的名著《生活的藝術》，其中辟出一章專門闡述悠閒的重要，希望以中國人的悠閒哲學感化美國人，不知道跟他在鼓浪嶼的生活經歷有無關係？

　　這張照片上顯示的是鼓浪嶼上面的一個茶攤，類似這樣的茶攤在鼓浪嶼有很多，還有曲曲折折的小巷，繁複瑣碎的路口，讓你在鼓浪嶼行走時猶如置身棋局，常有找不到出路的惶恐。但你不用過分擔憂，只要堅持朝著一個方向前進，就一定能看到大海。陸游的「山重水復疑無路，柳暗花明又一村」已經不適合這裡，「又一村」的格局顯然太過於狹小，這裡彰顯的是一種衝出重圍後面朝大海、放眼世界的豪情。福建簡稱「閩」，閩南更是海上絲綢之路的起點，海洋文化的渲染使得福建人形成了喜歡漂洋過海外出闖蕩的性格，故有「門內一條蟲，門外一條龍」的說法。當林語堂以後身居大洋彼岸，以一支凌雲健筆嬉笑怒罵、調侃西方人、傳播中國文化的時候，他會不會還記得自己年輕時在鼓浪嶼一次次從小巷走到大海的情形？

與西洋文明的第一次親密接觸

　　鴉片戰爭後，廈門按約開埠，成為五個通商口岸之一，外國人可於此居住和經商。而風景清幽秀美的鼓浪嶼毫無懸念地成為外國傳教士與商人的首選居住地。從西元 1844 年起至 20 世紀初，鼓浪嶼逐漸變成一個「萬國租界」，共有英、美、法、德等 13 個國家先後在這裡設立領事館，甚至比同期的上海還多出 5 個。這樣的鼓浪嶼，自然也就成為東方文明和西方文明的交匯地。

　　光緒三十一年，即西元 1905 年，10 歲的林語堂（此時的他還叫林和樂）第一次走出了大山，從家鄉漳州坂仔的銘新小學轉學到鼓浪嶼的教會學校養元小學讀書。三年後，林語堂又繼續升入養元小學隔壁的尋源中學讀書。在尋源中學我們可以尋到林語堂日後許多重要成就的源頭，林語堂在這裡看了一半的《史記》，並且開始迷上蘇東坡的作品。

　　林語堂的父親名為林至誠，是一名鄉村牧師，就像他的名字一樣，這是一個非常誠懇而又誠心的人。林至誠出身貧困，但竟然靠著自己的不懈努力無師自通學會了認字，並且進入了教會的神學校，從一名小販成為牧師，改變了自己的命運。

　　這樣的親身經歷使得林至誠堅信讀書才能改變命運，他也不斷地以此理念要求和鼓勵自己的孩子們。林至誠教育孩

子絕不像賈政教育賈寶玉，而是採取了一種西方化的平等方式，在家裡他是孩子們的啟蒙老師、朋友和引路人。這種教育方式對林語堂的人生產生了深刻的影響，如果說林語堂是一個文化巨人，那也是因為他站在父親的肩膀之上。可以說，林語堂從大山來到鼓浪嶼，身上肩負了父親深深的期望。父母總是把自己沒有實現的願望放在自己的孩子身上，對於林語堂的父親來說，他的夢想就是自己的孩子將來能到海外最好的大學讀書。而這個夢，就是從鼓浪嶼開始啟航的。

在林語堂的自傳中寫道，在鼓浪嶼他完成了與西洋生活的初次接觸。而這次與西洋文明的第一次親密接觸，有兩點讓幼小的林語堂留下了難以磨滅的印象。一是西方的強大，以美國的戰艦為代表，在林語堂的《八十自敘》中，他說：「在光緒三十三年，美國老羅斯福總統派美國艦隊來到澳門，那時日俄戰事剛剛結束不久。我們因為是教會學校的學生，應邀前往參觀。那是偉大武力的最好的展覽。這些都刺激我向西方學習的願望。」這也是後來林語堂由聖約翰到清華、到美國的人生軌跡的一個導火線。

穿越六十年的愛情

位於鼓浪嶼漳州路 44 號的林語堂故居，也是林語堂結婚的地方。這棟房子真正的主人其實是林語堂的岳父，房子真名應該叫「廖氏別墅」。而在這棟房子的旁邊，有另一棟別墅，曾經住著一個令林語堂六十年來都魂牽夢縈的女人，她的名字叫陳錦端。

我不知道是有意還是巧合，陳錦端這個名字即刻使我想起李商隱的詩《錦瑟》中的句子 —— 錦瑟無端五十弦，一弦一柱思華年。也許是李商隱這首詩裡面那種淒迷與傷感的意境很適合用在林語堂與陳錦端的愛情身上。

林語堂與陳錦端相識在上海聖約翰大學，而紅娘就是陳錦端的哥哥陳希佐和陳希慶，他倆同時也是林語堂在聖約翰的校友。當年的陳錦端是聖瑪麗女校的校花，林語堂初次見到陳錦端時，她披著一頭烏黑的長髮，一雙美目顧盼生姿，裙襬在風中搖曳，彷彿隨時要乘風歸去。這樣的美人，自然令林語堂無法自己。而此時的林語堂，亦是聖約翰大學出了名的才子和運動健將，兩人在一起可謂才子佳人，天造地設。

然而，柔情似水，佳期如夢，這場理想中的愛情在現實中卻像海上遇到颱風的帆船一樣瞬間傾覆。陳錦端出身名門，父親陳天恩為當時的廈門首富，他根本看不上林語堂這個窮小子，認為女兒嫁給他要受苦，堅決反對二人來往。這時的林語

堂處境頗似當年去蘇州張公館提親的沈從文，然而沈從文比林語堂幸運得多，因為他這個時候已經是小有名氣的文學青年，張兆和的父親竟然是他的粉絲。而此時的林語堂卻還是一個籍籍無名的窮學生，「迢迢牽牛星，皎皎河漢女」，他和陳錦端就這樣相隔成咫尺天涯。

接著又發生了一件戲劇性的事情。陳天恩將自己隔壁家的女孩廖翠鳳介紹給了林語堂，這個女孩後來成了林語堂的妻子。眾人皆說這是陳天恩因為棒打鴛鴦散而過意不去，想用這種方式彌補自己的過錯。而我卻願意以小人之心度君子之腹，難道這不是一個最好的讓林語堂遠離自己女兒的手段嗎？

奇怪的是，林語堂竟然毫無反抗地接受了這樣的安排。後人驚訝於林語堂轉變速度之快，但這也許只是我們無法理解當事人的心情。雖然李敖說過解決失戀最好的辦法是「李代桃僵」，也就是迅速用另外一場愛情來掩蓋前一場愛情的痕跡，但我認為這不是林語堂的風格。或許這只是林語堂的自我犧牲，他不是司馬相如，可以無所顧忌地帶著卓文君私奔而任由她和父親決裂，或許他真的認為自己只是個窮小子，無法讓對方過上理想中的幸福生活。不管怎樣，我們可以肯定的是，林語堂剛和廖翠鳳相處的時候，心靈一定經歷了不少的掙扎與苦痛，隔壁就是自己的心上人，而自己卻要對著另外一張陌生女孩的臉強顏歡笑。

如果故事只是這樣結束了，那只能留下一個傷感的休止符，然而最能感動我們的卻往往是曲終人散之後的餘音繞梁。

在接下來的六十年裡，林語堂始終對陳錦端無法釋懷。寫作之餘，林語堂最愛的事情是作畫，而他畫上的女孩總是一個模樣：留著長髮，背後夾著一個寬長的夾子。女兒們好奇地問起時，林語堂總是撫摸著畫紙上的人像坦然作答：「錦端的頭髮是這樣梳的……」此情可待成追憶，只是當時已惘然！

林語堂人生的最後一年，行動不便，只能以輪椅代步。有一天，陳希慶的太太來看他，告訴他，陳錦端還住在廈門。林語堂聞言激動地推著輪椅往門外走，「你告訴她，我要去看她！」他忘了自己身在臺灣，遠隔海峽。數月之後，林語堂溘然長逝。

後記：一往情深

《世說新語》裡面記載了這樣兩則逸事，其一：「桓子野每聞清歌，輒喚奈何！謝公聞之曰：『子野可謂一往有深情』。」桓伊一生馳騁疆場，鐵馬秋風，這樣一個赳赳武夫每次聽到好聽的音樂卻都要激動不已，喊道：「怎麼辦！」

所以謝安說他為人一往情深。

其二：「王子猷出都，尚在渚下。舊聞桓子野善吹笛，而不相識。遇桓於岸上過，王在船中，客有識之者云：『是桓子

野。』王便令人與相聞，云：『聞君善吹笛，試為我一奏。』桓時已貴顯，素聞王名，即便回下車，踞胡床，為作三調。弄畢，便上車去。客主不交一言。」王羲之之子王子猷路遇桓伊，聽說他擅長吹笛，便無禮地派下人要求其為自己吹奏一曲。桓伊此時已經身居高位，但他想必聽過王子猷的為人，並不為意，欣然為之吹奏。曲終人散，兩人自始至終沒有交談過一個字。這大概就是所謂的「神交」吧。

回首「五四」，大師們總是以其對人對事一往情深的方式感動著我們。林語堂喜歡彈鋼琴，但是從來不記得任何一首樂譜，有一段時間他宣告自己脫離基督教，但是每當路上遇到教堂，他卻又總是興沖沖地跑進去，夫人不解，問他：「你不是不信教了嗎？」他笑著說：「我只是想聽一聽教堂裡面美好的音樂。」

而在這些大師身上，我們也可以發現原來人與人竟然真的是可以神交的。譬如林語堂之於陳錦端，胡適之於韋蓮司，金岳霖之於林徽因。邏輯學泰金岳霖一生痴戀林徽因，並為之終身不娶。1950 年代後期，林徽因已經去世，梁思成也已經另娶了他的學生林洙。有一天金岳霖卻突然把老朋友們請到北京飯店，沒講任何理由，老朋友都納悶不已，不知向來很少請客的金岳霖唱的是哪一齣戲。酒過三巡之後，金岳霖突然站起來，舉杯道：「今天是林徽因的生日。」聞聽此言，在座諸公無不潸然淚下。

　　如今，這種美好與純真也隨著「五四」的遠去而煙消雲散。我們生活的這個浮躁而又功利的社會，已經無法再批量生產如此之多的大師。「五四」，已經漸漸地成為一個符號，一種象徵。

　　從這個意義上來說，林語堂代表的不是他一個人，而是一個時代。

四 執子之手，與子偕老

在離婚率居高不下，「閃離」現象層出不窮的今天，看看林語堂夫婦的相處之道，相信一定會讓很多人受益匪淺甚至如夢初醒。

金玉緣

1969 年 1 月 9 日，這樣一個日子對眾人來說波瀾不驚，而在林語堂夫婦眼裡卻有非同尋常的意義。這一天的到來，意味著他們相濡以沫一起走過了整整半個世紀。這半個世紀以來，世界上有太多的悲歡離合，能夠一起度過五十年的夫妻寥已不多見，而五十年後依舊像新婚一樣恩愛的夫妻簡直有資格領取諾貝爾和平獎。

這一天，林氏夫婦在陽明山麓林家花園的客廳裡舉行了一個簡單而又熱鬧的慶祝儀式。儀式上沒什麼激動人心的場面，那樣反而有點做作。唯一的亮點是林語堂送給妻子一副早已準備好的金手鐲，其上刻有「金玉緣」三個字以及若艾利（James Whitcomb Riley）的經典名詩《老情人》（An Old Sweetheart）。林語堂將這首詩翻譯成了中文的律詩：

同心相牽掛，一縷情依依。

36

歲月如梭逝，銀絲鬢已稀。

幽冥倘異路，仙府應淒淒。

若欲開口笑，除非相見時。

詩中沒有葉芝《當你老了》那樣的炙熱，卻有平靜如水的纏綿以及看破生死且歌且行的從容。廖翠鳳沉浸在詩意的氛圍裡，彷彿又回到了五十年前兩人結婚時那永生難忘的一幕：

1919 年 1 月 9 日是林語堂與廖翠鳳大喜的日子。婚後，林語堂拿出結婚證書，當著廖翠鳳的面將它付之一炬。對此，他解釋道「結婚證書只有離婚才用得上」，燒掉了結婚證書，代表了兩個人永遠相愛、白頭偕老的決心。

這樣的話語從來不是表白，不是口號，更不是煽情，而是一種大氣磅礴的承諾與責任。兩人結婚伊始，經濟並不寬裕，經歷了一段共患難的日子。

婚後不久，林語堂即攜妻赴美，在美期間廖翠鳳不幸罹患急性盲腸炎，林語堂在給妻子看病之後窮得連飯都吃不起，連續一週靠一罐一罐「老人牌」麥片度日，以至於後來看到麥片就反胃。這次廖翠鳳在醫院住了很久，直到次年二月。當時正值寒冬，漫天飛雪，車輛無法通行，林語堂設法租了一輛雪橇把度翠鳳接回家裡。這樣心酸而又幸福的場景，比起電影中常見的情人一起撐著傘看雪又何止浪漫

百倍？

　　而這只是當時林氏夫婦患難生活的一個縮影，經濟困難時，兩人常靠廖翠鳳變賣首飾以維持生活。

　　後來，隨著林語堂歸國工作以及文名遠播為他帶來了巨額的經濟收入，一家人漸漸過上了富足的日子。但是名利雙收的林語堂卻沒有走上「男人有錢就變壞」的宿命，甚至少了一點文人可以有的風流韻事。在他心裡，始終堅守著當初自己燒掉結婚證書時的那份承諾。隨著歲月的流逝，他們終於變成了老情人，但是內心深處的感情卻歷久彌新。

隨性婚姻

　　林語堂和廖翠鳳是截然不同的兩個人，這一點連他們的孩子們也深有體會。林語堂好靜，而廖翠鳳好動，廖翠鳳喜歡用美國式的精確來管理家庭，而林語堂在她眼裡卻像印度人一樣「邋遢」。林語堂是浪漫主義者，而廖翠鳳卻非常現實，夫婦倆有一次一起去遊覽雅典山上的衛城，古希臘精妙絕倫的建築和愛琴海美麗的風光讓林語堂感動得不能自己，而廖翠鳳卻在一旁掃興地說「我才不要住在這種地方！買一塊肥皂都要下山，多不方便！」

　　廖翠鳳這輩子唯一的一次不現實就是選擇了林語堂，當年廖母擔心女兒嫁到貧窮的林家會受苦，廖翠鳳卻斬釘截鐵

地說：「窮有什麼要緊！」兩人的緣分就這樣定下。雖然性格迥異，卻能琴瑟和鳴。探訪林語堂和廖翠鳳婚姻的成功祕訣，「隨性」二字極其重要，隨性不僅是隨自己的性而且還要隨對方的性，隨自己的性容易，而隨對方的性則難矣。林氏夫婦最讓我們嘆為觀止的就是他們在這一點上的高度一致。

很難想像，崇尚一絲不苟的廖翠鳳竟能允許林語堂在床上抽菸，林語堂對此極為得意，把它視為婚姻成功的代表。林語堂有時候還會作弄一下老實的廖翠鳳，在他女兒的日記裡記道：「父親有時故意說東西不見了，或是錢袋遺失了。但母親總很誠摯地相信著，直到父親笑出聲來，於是她說：『頑皮的孩子，想來愚弄我嗎？』」這樣的把戲屢試不爽，到了後來，廖翠鳳心裡已如明鏡，卻仍假裝糊塗，犧牲自己的認知來配合丈夫的孩子氣，這樣的愛蘊含了很高的耐性與智慧，為常人所不及。

這使我想起了周星馳電影《大內密探零零發》中劉嘉玲扮演的零零發妻子，每次吵架後都藏在老地方。零零發責怪她沒有新意，她卻說：「我怕你找不到。」多麼溫馨的場面！

林語堂對此也頗有感觸，他說：「才華過人的詩人和一個平實精明的女人在一起生活之時，往往是顯得富有智慧的不是那個詩人丈夫，而是那個平實精明的妻子。」

反過來，林語堂對廖翠鳳也是一樣。

廖翠鳳總是用自己的標準去要求林語堂，她整天告誡林語堂鼻毛該剪了，牙齒被煙燻黑了該刷刷了，西裝的領帶歪了該扶正了，一般的男人長年累月地聽這樣的話早就厭倦了，但林語堂反而覺得這是一種樂趣，甚至是一種需求，他以此判定妻子是個賢妻良母。儘管廖翠鳳對孔子、老子、亞里斯多德、柏拉圖壓根沒有興趣，不理解文人雅事，有時候還自作主張地勸林語堂把文章寫得簡短一點以免讀者看了打瞌睡，但這些並不妨礙林語堂對她的感情，他甚至感嘆地說：「女人都是天生的哲學家！」

　　林語堂對如何做一個好丈夫有精闢的見解，他說：「怎樣做個好丈夫？就是太太在歡喜的時候，你跟著她歡喜，可是太太生氣的時候，你不要跟她生氣。」在多年的夫妻生涯中，他和廖翠鳳也有過矛盾和爭吵，林語堂的絕招是沉默是金，這樣對方就像一個出拳後無人招架的拳手，尷尬之餘很快也就心平氣和了。

婚姻及氣球及羹匙及狗皮膏藥

　　有一次別人問林語堂對自己妻子的看法，林語堂感慨萬千地說：「我好比一個氣球，她就是沉重的墜頭兒，若不是她拉著，我還不知要飛到哪兒去呢？」

　　對於這樣的比喻，我覺得不妨辯證地看待。對於氣球來說，其天性就是要飛翔，否則也就失去了其存在的價值了。所以，一個完美的墜頭兒應以能夠得體而適當地約束氣球為標準。既不能太寬容，讓氣球飛得過高，也不能太苛刻，讓氣球飛得太低。飛得太高容易缺氧，更可怕的是高空中空氣稀薄，使得氣球壁內外產生較大的壓強差，氣球容易因受不起巨大壓力而發生爆炸，一命嗚呼；飛得太低則容易碰上地面上的障礙物，長期走在坎坷的路上容易使人意志消沉。完美的墜頭兒應該懂得讓氣球在最合理的高度飛行，而自己亦可以在氣球的帶領下隨風飄舞。

　　然而生活中的現實卻往往不是這樣，作為「氣球」的男人往往只顧自己飛行，而忽略下面的「墜頭兒」，而作為「墜頭兒」的女人又總是毫無節制地想增加自己的分量以便牢牢地抓住男人，其結果往往兩敗俱傷，「墜頭兒」墜地，而「氣球」高空爆炸。

　　林語堂的老鄉，有「民國怪傑」之稱的辜鴻銘曾經就夫妻關係發表過一段著名的「茶壺茶杯論」，他認為：男人好

比茶壺，女人好比茶杯，一把茶壺可以配幾個茶杯，所以男人納妾天經地義；而每個茶杯卻只能配一把茶壺，所以女人應該從一而終！陸小曼聞聽此說法後趕緊告誡徐志摩說：「你不能拿辜先生的茶壺理論作藉口，你不是我的茶壺，而是我的牙刷。茶壺可以公用，牙刷卻只屬於個人。今後我只用你這把牙刷刷牙，你也不許向別的茶杯裡倒水。」

　　而林語堂對此則另有一番說法，他借《金瓶梅》中潘金蓮之語表明自己的主張 ── 「哪有一隻碗裡放了兩把羹匙還不衝撞的」。

　　相比於辜鴻銘的「大男子主義」和陸小曼的「大女子主義」，林語堂走的是一條中庸路線。在他的提法中，碗和羹匙之間是一種平等的關係，雙方彼此尊重，互相依存，各有所長，完美地結合在一起，這也是婚姻長久之道。

　　蔣夢麟曾經將男女關係概括為三種：「一曰狗皮膏藥，二曰橡皮膏藥，三曰輕氣球。所謂狗皮膏藥，貼時不容易，撕開也痛，舊式婚姻之謂也。橡皮膏藥貼時方便，撕開也不難，普通婚姻之類是也。至於摩登者流，男女雙方均得時時當心，稍有疏忽即行分離，正似輕氣球。」

　　林語堂的婚姻就是狗皮膏藥的婚姻，雖然不一定好看，但是卻最實用。

五　近情者

魯迅在他的《答客誚》一詩中寫道：「無情未必真豪傑，憐子如何不丈夫？」魯迅得子本是意外，卻無意中使一向「橫眉冷對」、「怒向刀叢」的他平添了幾分難得的柔情。「豪傑」、「丈夫」的說法使得魯迅這兩句話好像離我們總有點距離，而林語堂則更多站在普通人的角度告訴我們：唯有近情之人才能真正活得自在和快樂。

性情中人

所謂：金剛怒目，菩薩低眉。每一種人總是可以找到屬於他們的表情。而對於林語堂來說，笑似乎已經成了他在世人眼中的標籤。笑容可掬是很多人回憶林語堂時頭腦裡反射出來的第一印象。

其實，林語堂不僅愛笑，還愛哭。而在很多時候，哭比笑更能反應出一個人的真性情。

新聞巨子馬星野是林語堂由美赴臺定居的關鍵人物，林語堂逝世後能夠破例安葬在陽明山麓也是馬極力促成，其人堪稱林語堂晚年的知音。馬星野以新聞家的筆觸客觀地記述了他親眼見到的林語堂三次流淚的情景：第一次是在胡適墓前，向馬講述胡適當年對他的恩情時；第二次是向馬敘述他的生平，談

到其不幸的二姐時；第三次是去比利時參加世界筆會，朋友帶著兒子開車前去迎接，結果路上發生車禍，朋友之子罹難，林語堂聞訊淚如雨下。

如果說以上的情景尚有情何以堪的味道，那麼接下來林語堂流的淚頗有幾分「林黛玉」的感覺。有一次，林語堂跟女兒們講解唐詩，講到崔護的「去年今日此門中，人面桃花相映紅」時，他深情地講述了詩中傷感的愛情故事，最後這種情緒把自己也感染了，陷入往事的回憶之中，觸發了自己內心最柔軟的地方，哭得稀里嘩啦，以至於女兒們都抬頭不解地望著他；另外一次，林語堂到奧地利憑弔了莫扎特之墓，在墓前，林語堂忽然悲從中來，淚水簌簌而下，對此，他解釋道：「莫扎特的音樂，是那樣的細膩纏綿，簡直就是含淚而作的。」在寫作《京華煙雲》時，林語堂也是屢屢為書中人物潸然淚下。

想笑就笑，想哭就哭，悲喜由己，快意恩仇，這樣的人生更加痛快，也更加健康。一個人如果總是刻意控制自己的情緒，其結果就像消化不良，髒物長期堆積體內不能排泄，歷久必毒氣攻心。諸葛亮英年早逝絕對不是魏延的過錯，但很有可能跟他喜怒不形於色的風格有關。魏晉時的阮籍，母親去世時他正在跟朋友弈棋，他聞之噩耗不動聲色，強要朋友下完這一盤棋，結果站起身來馬上吐血二升，內傷不輕。

真情自然流露，做人絕不虛偽，發乎情，止乎禮，這是林語堂的準則。林語堂偶爾也會有點「歪念頭」，他絕對不做一本正經的道學先生。

據金庸早年的老師，與林語堂一起創辦《論語》的章克標回憶，林語堂偶爾也會來一點風花雪月，同仁們吃花酒、叫條子，他也會熱心參與。林語堂最賞識的是富春樓一個綽號「老六」的名妓，不僅經常捧場，還為其寫過讚美的文字。但林語堂的厲害之處在於他精神偶爾脫軌，但肉體絕不出軌，這樣的男人在那個時代絕對是稀有品種。

這樣的精神也是「五四」很多大師們的共同特質。梁實秋曾經記載了這樣一件事，在上海的時候，有一天眾人在胡適家裡聚會，徐志摩風風火火地闖了進來，原來他不知哪裡搞到了一本國外的色情畫冊，估計類似於後來的「花花公子」之類的。眾人一見，興奮不已，但眼前有德高望重的胡適，又有點顧忌。

從「子見南子」到「尼姑思凡」

在林語堂的創作生涯中，有兩次他的作品曾在社會上引起軒然大波，因為他挑動了社會最敏感的神經，一時間衛道之士群起而攻之，大有欲除之而後快的態勢。

第一次是在 1928 年 6 月，林語堂在魯迅和郁達夫合辦

的《奔流》月刊上面發表了生平唯一的獨幕悲喜劇《子見南子》。其主要情節是：魯定公十四年，孔子帶著徒弟們周遊到了衛國，覲見了衛靈公的夫人南子。南子正要創辦一個「六藝研究社」，且男女可以同學，為此諮詢孔子的意見。劇中的南子年輕美麗，瀟灑大方，思想新潮，而孔子則顯得呆頭呆腦，古板正經，滿口男女授受不親，堅持克己復禮。戲劇在結尾處達到高潮，孔子終究被南子感化，和學生們一起看著南子載歌載舞，並由衷地讚嘆：「這才是真正的詩，真正的禮，真正的樂。」

　　而本劇最經典的地方，莫過於表現孔子見南子時內心「天理」與「人欲」之間爭鬥，《論語》中夫子見南子後子路追問他，他急得發誓：「予所不者，天厭之！天厭之！」而到了歷史劇《子見南子》中，這一情節變成了子路追問孔子：「難道夫子不行道救天下的百姓了嗎？」孔子卻無力地答道：「我不知道，我先要救我自己。」孔子的形象瞬間從神壇跌落人間，這在當時無異於一顆思想原子彈。

　　林語堂的《子見南子》在《奔流》發表後，一時洛陽紙貴，《奔流》雜誌被讀者搶購一空。而後，各地新式學堂競相排演此劇。其中，最有影響力的是山東省立第二師範學校師生們的演出，因為該校位於孔子家鄉曲阜，正是保守勢力最強大的地方。這一演出果然引起了孔氏族人的群起抗之，

他們聯名向中央告狀。此事甚至驚動了時任工商部部長的孔祥熙（同為孔門後裔），在其壓力下，教育部只好將山東二師校長調任他所，以平眾怒。二師校長當了林語堂的「替罪羊」，而林語堂這個始作俑者卻以其自由身分逍遙「法」外。

40年後，林語堂身居臺灣，人雖老心未老，仍然敢說敢擔當。1968年10月11日，林語堂將中國古典戲曲《尼姑思凡》譯成英文，發表在中央日報上。林語堂認為，「尼姑思凡」代表經典主義以外的中國文學，充滿人生味道，處處可見真情流露；歷代給士大夫讀的詩詞文章，只求典賦綺麗，風雅蘊藉，內容卻日漸貧乏乾枯，實大相逕庭。而在此前，林語堂已屢屢有驚人之言，他將《紅樓夢》中的妙玉稱為「色情狂的小尼姑」，因性壓抑而造成其人格上的「變態」，同時還將佛教的「色即是空」與吃迷幻藥連繫起來。

這一次，林語堂的《尼姑思凡》（英譯）更是徹底讓衛道人士忍無可忍，佛教團體不斷致函林語堂抗議，質疑「尼姑思凡」含有黃色毒素，以中英對照宣揚廣播，是在詆毀佛教，有害社會人心，違反政府提倡道德教育宗旨，要求林語堂為妄言道歉。此事隨著時間的推移，最終不了了之。林語堂在他後來寫的《來臺二十四快事》中還有一文專門調侃此事：

其一，無意中傷及思凡的尼姑。看見一群和尚起來替尼姑打抱不平、聲淚俱下，不亦快哉！

情感危機的時代

在《生活的藝術》中，林語堂說：「我所以反對獨裁者，就因為他們不近人情。因為不近人情者總是不好的。不近人情的宗教不能算是宗教；不近人情的政治是愚笨的政治，不近人情的藝術是惡劣的藝術；而不近人情的生活也就是畜類式的生活。」

林語堂所近的情是人之常情，而其中的關鍵在於去偽存真，讓感情真實自然地流露出來。其實，相比古人的「存天理，滅人欲」，現代中國人最嚴重的問題不是無情，而是濫情。這首先要歸咎於我們急功近利的教育制度，古人在寫到跟自己父母之名有關的字的時候為了表示尊敬都不忍心把筆畫寫完整，而現在每年的大學入學考試都有無數的父母犧牲在子女的作文裡，我們卻安之若素。

筆者有一次看到一個在為地震捐款時表現極其吝嗇的富家子弟在作文裡大罵汪精衛賣國無恥，忍不住告誡他：從哪一個角度來講，你比同年紀的汪精衛都差遠了，當年汪精衛去刺殺清朝攝政王，被捕後以為自己必死，寫下了「引刀成一快，不負少年頭」的詩句，完全出自一種真實的愛國激情，而你罵汪精衛卻未必真心。同樣是「少年頭」，跟汪精衛比，你不僅無才，無術，無德，甚至無恥！

而這位學生身上體現出來的也正是現代中國人的精神危

機，我們剛剛趕走了舊道學，但是新道學卻在一天天地成長壯大。

林語堂一直鼓勵自己的女兒們堅持寫日記，因為他認為只有日記才能最真實地寫出一個人的心聲，女兒們的日記後來結集出版，這就是賽珍珠作序的《吾家》，也多虧了這本書，我們才看到了一個血肉更加豐滿的林語堂。其實，比起很多大師的被舉世公認的作品來，我更喜歡閱讀他們的私人日記——如果有的話。日記是一個人內心最隱蔽的角落，我們往往在夜深人靜的時候透過其與自己的靈魂對話，而現在躁動不安的社會正在讓大部分人失去這個習慣。在托爾斯泰的眼裡，每天記載心路歷程的日記其分量要遠遠超過自己所有的作品，儘管世人只看重他的大作。托爾斯泰看重日記的最重要的一個原因是他在這裡可以完全真實，不摻入一點雜質地展示自己。

1862 年秋天，34 歲的托爾斯泰即將和小他 16 歲的蘇菲亞結婚。婚前的這天晚上托爾斯泰失眠了，不是因為興奮，而是因為焦慮。他在日記裡寫下這段話：

> 我不能為自己一個人寫日記了。我覺得，我相信，不久我就不再會有屬於一個人的祕密，而是屬於兩個人的，她將看我寫的一切。（《托爾斯泰日記》）

為了追求一個絕對真實的自己，為了在日記中絕對真實

五 近情者

地表述自己的情感，連結婚這樣天大的喜事也不能令托爾斯泰開心。相比之下，我們會不會感到自慚形穢？

六　半玩世者

我們都知道孔子把「中庸」認定為生活的最高哲學，但現實生活中，像林語堂這樣把中庸實踐的如此完美的人可不多見。

第二的哲學

17 歲時林語堂以第二名的成績從廈門尋源書院畢業，並考上了上海聖約翰大學。四年後，他又以第二名的成績從上海聖約翰大學畢業，應邀執教於清華大學。由此我們注意到這樣一個現象，似乎林語堂總是跟第二有緣，關於這一點，他在《自傳》中是這樣解釋的：

> 「畢業第二名似是我一生學校教育中的氣運，我也曾分析其因果如下。大概在各學校中都有一個傻小子，如我一樣聰穎，或稍遜一籌的，然而比我相信積分，而且能認真攻讀課堂內的功課而為我所不能的。我相信如果我肯在功課上努力一點，便不難得到冠軍，不過我不幹。第一，我向來對於課程不大認真。其次，凡做甚麼事我一生都不願居第一的。這也許是由於我血液裡含有道教徒元素。」

看來，不是林語堂考不了第一，而是他根本不喜歡考第一，因為在他眼裡考第一名是一件很愚蠢的事情，他甚至覺

得每次能考第二是他一生中最大的幸運。

不爭第一，只愛第二。這樣的人生觀在常人看來簡直糊塗之至，第二與第一看似一步之遙，實際卻是咫尺天涯。比賽結束，所有的鎂光燈都會聚集在第一名身上，而第二名只能在燈火闌珊處斯人獨憔悴。所以，常人最恐懼的名次就是第二名。

然而，林語堂卻不這麼認為，在他心裡，第二才是最高的智慧和境界。第一個吃螃蟹的人是英雄，第一個吃砒霜的卻只能當烈士。第二與第一相比，雖然沒有那麼經天緯地，卻能享有更加明智的選擇。更重要的是，成為第一之後你只能進不能退，高處不勝寒的滋味的確難熬。而第二就不一樣了，進可攻，退可守，來去從容，揮灑自如。

不僅僅是考試，林語堂在生活中也處處都把第二當成一種享受和追求。

在《生活的藝術》中，他提出了讓我們為之擊節的品茶「三泡」之說：「嚴格地說起來，茶在第二泡時為最妙。第一泡譬如一個十二三歲的幼女，第二泡為年齡恰當的十六歲女郎，而第三泡則已是少婦了。」

關於這一點，明代品茶大師許次紓與林語堂可謂英雄所見略同，其於萬曆年間著的《茶疏》中寫道：「一壺之茶，只堪再巡，初巡鮮美，再則甘醇，三巡意欲盡矣。余嘗與馮

開之戲論茶候，以初巡為婷婷裊裊十三餘，再巡為碧玉破瓜年，三巡以來，綠葉成陰矣，開之大以為然。」林許二人皆把第二泡茶比喻成處於最美麗年華的「二八」少女，給人以無限遐想，真是妙不可言。

半玩世者

在書中，林語堂提出了「半玩世者」的概念，他認為半玩世是一種最美好最理想的人生方式。對此，他有一段堪稱經典的論述，以致於我在引用時捨不得刪去其中的任何一個字：

> 我以為半玩世者是最優越的玩世者。與人類生活問題有關的古今哲學，還不曾發現過一個比這種學說更深奧的真理，這種學說，就是指一種介於兩個極端之間的那一種有條不紊的生活。這種中庸精神，在動作與靜止之間找到了一種完全的均衡。所以理想人物，應屬一半有名，一半無名；懶惰中帶有功，在用功中偷懶；窮不至於窮到付不出房租，富也不至於富到完全不做工，或是可以稱心如意地資助朋友；鋼琴也會彈，可是不十分高明，只可彈給知己的朋友聽聽，而最大的用處還是給自己消遣；古玩也收藏一點，可是只夠擺滿屋裡的壁爐裡；書也讀讀，可是不能用功；學識頗廣博，可是不成為任何專家；文章也寫寫，可是寄給泰晤士報的稿件一半被錄用一半退回 —— 簡而言之，我相信這種中等階級生活，是中國人所發現最健全的理想生活。（《生活的藝術》）

六　半玩世者

　　「半玩世者」的人生模式將「道家的現實主義」和「儒家的積極觀念」配合起來，將「真實的世界」與「虛幻的天堂」融為一體。以出世的精神，來做入世的事情，看起來很難，實際上就看你用不用心了。

　　林語堂不僅在理論上創造性地提出了「半玩世者」，還在實踐中給我們做了典範。

　　林語堂僑居美國 30 年，平均每年有一部著作問世。但他從不連續創作，每當寫完一部作品，便會給自己放一兩個月的假。讓自己的身心徹底與一切俗務脫鉤，敞開胸懷自由自在地享受這一兩個月的悠閒時光。在這樣自我放鬆的時間裡，他偶爾也喜歡到著名的賭城拉斯維加斯去賭一把。林語堂好輪盤賭，但他從不沉迷其中，一旦輸光口袋裡的錢，他便抽身離去，回家繼續工作。

　　置身於賭城熙熙攘攘皆為利來的狂熱分子中，卻從來不把自己當成一個賭徒，不以贏喜，不以輸悲，了無牽掛地來，了無牽掛地去，這絕對是一個大境界。我們甚至可以想像這樣一個場景：在賭場裡，林語堂輸光了身上最後一個美元，站起身來，高興地喊道：「終於可以回家認真寫作了！」

　　與此相反而又相似的例子當屬林語堂發明打字機時陷於破產邊緣的尷尬處境，被迫出任聯合國教科文組織的官職。期間，他每天雜務纏身苦不堪言。但經濟略微好轉，他立即

辭掉職務到地中海邊養心去了。正像他自己說的那樣,「名字半隱半顯,經濟適度寬裕,生活逍遙自在,而不完全無憂無慮的時候,人類的精神才是最快樂的,才是最成功的」,換句話說,活得適度緊張才是最完美的狀態。

林語堂「半玩世」的人生哲學給每天在生活和工作中渾渾噩噩的我們提供了一種全新的選擇,同時也敲響了警鐘。因為「半玩世」不僅是一種人生方式,也是一種養生之道,著名養生學專家洪昭光先生就曾說過,養生的關鍵在「平衡」── 即在陰陽,氣血,虛實,內外,動靜,飲食,勞逸等各方面達成一種均衡的狀態。

在這個世界上,有太多的人正在為自己的理想打拚,對他們來說,與時間賽跑是一種集體主義的理念。其實,這種觀念恰恰是最要命的,浪費時間有時候不一定是浪費生命,而是拯救生命。人生是一張弓,但並不是弦拉得越緊箭就射得越遠,因為脆弱的弦隨時會崩斷。這麼些年來,我們已經見過太多「英年早逝」的事例了,讓人為之唏噓不已。

魏晉時的名士張翰在洛陽為官時,有一天見秋風乍起,不禁想起家鄉吳中的菰菜羹、鱸魚膾,於是拋下一句「人生貴得適意爾,何能羈宦數千里以要名爵」,屁顛地跑回了老家。當然,張翰的做法未免也有違中庸之道,但在喧囂的城市裡,在繁忙的工作之餘,我們也不妨到荒郊野外呼吸一下

新鮮空氣，和那些健美的農村婦女開開無傷大雅的玩笑，於無人處歇斯底里地像個瘋子一樣縱聲長嘯，在蓬勃的野草上搭個帳篷數星星，或者學孔子在雨中歌唱……

後記：「中庸」的幸福

　　在年輕的時候，我們往往習慣性地把人生當成一場戰鬥，我們衝鋒陷陣，把勝利的旗幟插在一個個被攻克的高地之上。我們的人生就像爬山，隨著時間的推移，生命的高度也在不斷地提升。然而，我們卻從來沒有在這個過程中感受到持續的快樂，因為每登上一座山峰，那瞬間的喜悅就會被仰望另一座更高的山峰的恐懼和疲憊所淹沒。

　　在這個時候，中庸之道教會我們，當你登上一座山頭的時候，不妨停下來安個營，紮個寨，好好欣賞一下這裡的水豐草美。也許你偶然回頭看見剛才經過的山腰有一朵美麗的小花，這時也不妨再回頭走過去呼吸一下它的芬芳。

　　林語堂說，中庸是一種最近人情的哲學。「致廣大而盡精微，極高明而道中庸」，埃蒙斯雖然是個美國人，卻在無意之中走向了中庸的最高境界。

七　一點童心猶未泯

在美國時，儘管已經功成名就，林語堂仍在應某書局而寫的《自傳》中稱自己是一個孩子，一個「睜圓眼睛注視這極奇異的世界」的孩子。

老頑童

　　林太乙七八歲的時候有一次問父親：「為什麼大家都說妹妹好可愛？我看不出她有什麼可愛的地方。」林語堂答道：「小孩子因為天真，所以可愛，這世界很複雜，大人多半已經失去天真。」

　　在回答完女兒這個問題後不久，林語堂迎來了自己的 40歲生日，這一天林語堂作了一首自壽詩，結尾有這樣的兩句：「一點童心猶未滅，半絲白鬢尚且無。」身逢亂世，進入不惑之年，林語堂最得意的是自己身上始終沒有泯滅的那一份童心。此時的林語堂只是走過了人生的一半路途，而他的這種童心還將陪伴他的下半生一直到終老。

　　40歲之後的林語堂，很快將離開自己的故土前往大洋彼岸的美國。然而遠遊並未使林語堂變得更加成熟，在美國，吃西餐時他經常鬧出笑話，他不知道用哪個勺兒喝湯，用哪

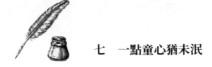

個叉子吃魚。更嚴重的是，他還常常把自己的酒杯和鄰人的酒杯弄亂，不知哪個是自己的，哪個是別人的，以至於常喝錯了酒鬧出笑話。他的妻子廖翠鳳早在橫渡大西洋時已經精通西方的各種禮儀，並常常糾正他，但無濟於事，每次出現這種笑話都讓她尷尬萬分，但林語堂卻心安理得，因為他覺得自己出錯是無心的，也沒有造成什麼破壞，有時候還能給嚴肅的飯桌帶來一點笑聲，所以他的這些「壞習慣」一直到老都沒有改變。

這個時候的林語堂最喜歡和女兒們玩一種滴蠟油做模型的遊戲，就是將蠟燭油滴在桌子上，待其將硬未硬之時用刀子之類的工具將其雕刻成各種東西的樣子。林語堂非常喜歡這種遊戲，還在他的朋友面前炫耀他的記憶，不過遊戲過後清理桌上的蠟油是一件讓他非常痛苦的事情。

而晚年的林語堂，更是堪稱一個徹頭徹尾的老頑童。這個時候林語堂的女兒們都已經長大了，沒有那麼好玩了，還好林太乙育有一兒一女，他們便代替林語堂的女兒成了他最好的玩伴。林語堂將自己小時候的照片剪下來，和兩個外孫的照片拼在一起，成為「三個小孩」，在他眼裡他和小孩子是一類的。當年他的女兒們在《吾家》中寫道：「我們三姐妹，和父親，常常鬧著有趣的玩笑，但母親，卻像是家族中的長輩，她常常提醒我們，要我們注意地毯或桌子。」而現在則輪到廖翠鳳和他的女兒太乙來提醒他們不要玩得太瘋。

　　林語堂時常和外孫一起出去觀察螞蟻窩、捉螃蟹、釣魚，在釣魚時林語堂有時會將廖翠鳳的指甲油塗到做魚餌的蒼蠅翅膀上，他說這樣蒼蠅都有了笑容，不會因為即將被魚兒果腹而悶悶不樂了。廖翠鳳出去買菜時，「三個小孩」常躲在更衣櫃裡等她回來，比賽誰憋不住先笑場，結果輸的那一個往往都是林語堂。

　　一家聚餐的時候，林語堂總是大家的開心果。他吃豬腳的時候會故意讓豬腳把自己的嘴唇黏住，然後利用嘴的張合吐出很長的絲來，就像一隻蠶一樣。他還有一個「絕活」，那就是將胡椒粉放進自己的鼻孔裡，使自己不斷地打噴嚏。

「孩子」與孩子

　　在美國時，儘管已經功成名就，林語堂仍在應某書局而寫的《自傳》中稱自己是一個孩子，一個「睜圓眼睛注視這極奇異的世界」的孩子。他說，自己來到這個世界上就像一個小孩子進入一個大叢林，「時或停步仰望星月，俯看蟲花」，在叢林行進的過程中，他沒有方向，沒有規矩，獨自遊蕩，或行或止，隨心所欲，一切皆從自己的本能出發。

　　林語堂喜歡上街買東西，因為他覺得這是一個接近孩子的好機會。在臺北，有很多十來歲的小孩子經常幫父母看店，林語堂覺得這些孩子還沒有染上大人的狡詐虛偽，利用買東西的機會和他們接觸是一種很有價值的人生體驗。有一

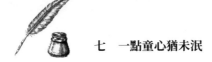

次，他在中山北路閒逛，碰到一個十二三歲的小孩子在某文
具店看店，這個小孩子一說錯話臉就會紅，林語堂認為臉紅
是絕對做不了假的，為其純真所感動，覺得非買他家的東西
不可，於是花了兩百多元買了一大堆的信封、卷宗套子、
尺、原子筆等，儘管這些東西他一時都不需要。買的時候他
和小孩子兩個人都很高興，林語堂還得意地說這是買東西的
藝術，自己是買東西的藝術家。

　　這是典型的孩童思維，幼稚而又純真。但也正是以孩童
的視角來看世界，反而使林語堂對這個世界的真相了解得更
透徹，正如安徒生《皇帝的新裝》裡面那個大膽的小孩一
樣，林語堂說：

> 宋儒喜歡講明心見性，以莊以誠求之，要除去物慾之蔽。無
> 奈此心此性，總是空的，到了無蔽無慾的境地，便愈空無所
> 有，而以莊以敬，反而日趨虛偽。就使你做到明心見性便如
> 何，此顏習齋之所以不滿於程朱之學而起了抗議。我想心不
> 必明，性不必見，只看看小孩子好了。（《論買東西》）

　　正因如此，林語堂每次見到可愛的小孩子時，總是喜不自
禁，有一種「惺惺相惜」的感覺，正如英雄見英雄。在他的
《來臺後二十四快事》中就有好幾件是跟孩童有關的，例如：

> 看小孩吃西瓜，或水蜜桃，瓜汁桃汁入喉嚨兀兀作響，口水
> 直流胸前，想人生至樂，莫過於此，不亦快哉！

看電視兒童合唱。見一小孩特別起勁，張口大唱，又伸手挖
鼻子，逍遙自在，不亦快哉！

余光中在他的《我的四個假想敵》中突發奇想，把自己
未來的四個女婿稱為自己的「情敵」，整天做噩夢擔心他們
搶走自己的女兒。而對林語堂來說，結果更糟糕，因為搶走
他女兒的是時間，不容你有絲毫的反抗餘地。在女兒由孩子
變成大人後，林語堂一度失落，並由此萌生了再領養一個女
兒的想法。

這個機會在 1943 年來臨。這一年林語堂回到中國宣傳抗
戰，有一次他和社會各界人士去西安的一家孤兒院慰問，孩
子們為他們表演了精彩的節目。其中有一個十一二歲的小女
孩在臺上為大家彈鋼琴，林語堂為她的純真無邪所感動，在
沒有徵得家人同意的情況下，就自作主張收養了這個名叫金
玉華的女孩做養女。金玉華其實還有一個母親和哥哥，林語
堂徵得了他們的同意，把她帶到了美國，希望讓她接受最好
的教育。

可是問題遠遠沒有林語堂想像的這麼簡單，先是金家反
悔，拍電報想要回女兒，接著妻子也向自己開炮，認為自己
已經有三個女兒，況且金玉華有先天性心臟病，不希望她成
為林家的負擔。在這種內外交困的情形下，林語堂只好含淚
把小金玉華送回國內。

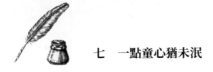

赤子之心

在《女王與我》中，林太乙記述了這樣一件事：

> 父母親住在臺北時，我住在香港，常到臺北去看他們，雙親精神奕奕，不像七十多歲的人。有一次，我去臺北住幾天之後，雙親送我到松山機場。我們到得太早，於是在咖啡室消磨時間。不久，從窗外看見一架飛機降落，一小隊士兵跑過去迎接。父親見了叫道：「快點來看，什麼大人物到了！」他跑到窗邊看，母親也跟了過去。我心裡想，他也可以算是「大人物」，七十多歲了，的確還沒有失去赤子之心。

在金庸的《射鵰英雄傳》和《神鵰俠侶》中，老頑童周伯通向來都是讀者最喜愛的人物之一。位居武林中頂尖的幾大高手之列，周伯通一身驚世駭俗的武功卻不是練出來的，而是玩出來的。他為人毫無心機，天真爛漫，做事完全不顧前因後果，乘興而來興盡而返，時而為長風破浪的海上騎鯊客，時而與人打賭追逐窮疆極塞，整個世界對他來說就是一個大的遊樂場。

當所有與周伯通同等境界的高手都在為爭奪武功天下第一的名頭而費盡心機、爾虞我詐，甚至不惜以命相搏時，他卻一個人逍遙地遊戲人間，不爭名，不逐利，當然也就無憂無慮。沒有人和他玩的時候，他就和自己玩，並因此開創了「雙手互搏」的至高武功，而這對他只是個聊以消遣的遊戲

而已。在最後一次「華山論劍」的時候，中神通王重陽已仙逝多年，西毒北丐也於華山之巔同歸塵土，越活越年輕的周伯通真正的武功早已躍居眾人之上。然而黃藥師在排定天下高手的時候卻故意將他漏掉，沒想到老頑童竟然絲毫不以為意，這讓向來高傲的黃藥師都佩服不已。

儘管文武之路相差深遠，然而現實中的林語堂和小說裡的周伯通卻具有極其相似的秉性，他們就像長不大的孩子，活得自由自在，坦然而快樂地行走於天地之間。他們從來不把自己當成大人物，有大人物之形卻無大人物之勞，並因此獨步人間，為世人景仰。

林語堂在《八十自敘》裡說：「我覺得我差不多是一個不比大家差的好人。如果上帝能愛我，像我的母親愛我的一半那樣，那麼他一定不會把我送入地獄的。如果我不上天堂，那麼世界一定該滅亡了。」

而我想說的是，其實林語堂用不著那麼在意死後能不能上天堂，天堂是為生前不幸福的人而存在的，對他來說已經沒有什麼特別的意義了，就像他自己說的那樣 —— 塵世是唯一的天堂。

八　吃喝的哲學

在林語堂看來，西方人的飲食都是以節約時間為目的的，這已經遠離了人生的真諦。

林黛玉與劉姥姥

在吃的問題上，林語堂是一個很有意思的人，他的口味堪比林黛玉，而吃法卻像劉姥姥。

夏丏尊說：「在中國，衣不妨汙濁，居室不妨簡陋，道路不妨泥濘，而獨在吃上分毫不能馬虎。衣食住行的四事之中，食的程度遠高於其餘一切，很不調和。中國民族的文化，可以說是口的文化。」這樣的論調顯然很對林語堂的口味，他在《吾國吾民》中就說道：「如果說還有什麼事情要我們認真對待，那麼，不是宗教也不是學識，而是『吃』。」

林語堂很幸運，他的妻子廖翠鳳堪稱高級廚師，她做的菜就連吃遍天下美食的張大千都讚嘆不已。廖翠鳳後來還和三女兒林相如合作在歐美出版了《中國烹飪祕訣》和《中國食譜》兩本書，其中前者還獲得了德國法蘭克福烹飪學會大獎。

如果你的老婆是黃蓉，即使你的舌頭像郭靖那麼笨拙，時間一久也會本能地對食物的味道產生條件反射。妻兒如

此，林語堂當然也不含糊，至少在他講述竹筍炒豬肉和白菜煮雞這兩道菜時我們可以輕鬆地看出他對烹飪頗有心得。他說竹筍和豬肉在一起煮，可以使肉味更加香濃，同時竹筍也因為吸收了豬肉的香味而更加可口。白菜煮雞也是一樣，雞味滲進白菜裡，白菜味也鑽入雞肉中，相得益彰。我覺得這裡面已經帶有一種陰陽調和的哲學，讓人感覺在做這兩道菜的時候就像在撮合一椿美好的婚姻。

但如果具體到林語堂的吃相上，可就讓人大跌眼鏡了。打小起，大人就一直在為我們塑造一個完美的吃相而努力。比如吃飯時要正襟危坐，夾菜時不能挑揀，喝湯和咀嚼食物時不能發出明顯的聲音。如果有小孩吃相實在太糟糕，大人們可能會把他帶到豬圈前面，讓他觀察豬吃食時狼吞虎嚥的樣子，哄孩子說不想變成豬就要端正自己的吃相。但這樣的調教顯然沒對林語堂造成作用，他從小就是一個野性十足的孩子，做錯事的時候大人懲罰他不讓他進家門，他會撿起地上的石子扔進家裡，嘴裡還喊著：「不讓我進門，就讓石頭代我進去。」

所以一直到大，林語堂都是一塊我行我素的「頑石」，這也表現在他的吃法上。他在吃西餐時從來不理睬用哪一個叉子吃肉，哪一個勺子喝湯，如果遇到親密一點的朋友他可能還會把腳翹到桌子上。

八　吃喝的哲學

　　在林語堂舉家於 1936 年乘坐「胡佛總統號」赴美的途中，有慕名的華僑送給他們一隻大螃蟹，足有一尺寬。妻子女兒嚷著叫林語堂把螃蟹剝開，林語堂折騰了好一陣愣是沒轍，最後，他乾脆把螃蟹放在衣櫃口，用力把衣櫃門撞上，螃蟹碎了，門鈕也壞了。林語堂在他的書中追捧清朝的李漁，對他的飲食美學頗為傾倒，但素有「蟹奴」之稱的李漁要是知道李漁這樣吃螃蟹法非氣得吹鬍子瞪眼不可。

　　此外，林語堂非常討厭參加正規的宴會，以至於盛情難卻時常常要在家裡吃飽飯再去。有一次參加朋友的酒席，坐上全是顯要人物，讓林語堂渾身不自在，還好這天冷氣機失靈，主人讓大家脫了外套，他急忙追問：「那領帶怎麼辦？」主人告訴他不必拘禮，林語堂如蒙大赦，渾身輕鬆，此事記載在他的《來臺後二十四快事》裡。

　　更可笑的是，林語堂還有一個嗜好 —— 喜歡半夜偷東西吃，因為這樣，他常遭家人嘲笑卻樂此不疲。有一天夜裡，他覺得肚子餓了，偷偷爬起來跑到廚房裡一口氣吃了五個雞蛋和兩片脆餅。結果被廖翠鳳抓個現行犯，第二天他只好尷尬地解釋道：「昨天夜裡我覺得很餓，不知道是起來的好，還是不起來的好。我又覺得很慚愧，僅僅為了吃東西，睡了還要起來。不過我若不吃些東西，讓肚子空空的，那麼，我便更不能入睡了。」

吃與性格

1927 年，林語堂看破官場黑暗，辭去了武漢國民政府副祕書長的職務，並提出他的「兩種動物」說：「世界上只有兩種動物，一種只管自己的事。另一種管別人的事。前者吃草或素食，如牛、羊及用思想的人是。後者屬於肉食者，如鷹、虎及行動的人是。」

很明顯，林語堂把自己放在了「素食者」的行列。然而在現實生活中，林語堂卻是個地道地道的「肉食者」，在飯桌上他專挑肉吃，廖翠鳳要求他講究營養均衡，多吃點菜，他卻從來不以為是。

現在很多心理專家都會從一個人喜歡吃的食物上來思索他的性格。而在《左轉‧曹劌論戰》中有「肉食者鄙」的說法，意思是說整天吃肉的人目光短淺。這確實也是林語堂的性格，他更注重眼前的享受，從不把眼光放在過於虛無縹緲的未來。

前面我們講述了一件林語堂吃螃蟹的狼狽事，但這並不足以讓他對螃蟹敬而遠之，相反，他跟李漁一樣，都是螃蟹的愛好者。一個擅長吃螃蟹的人要有一套專用的工具，「十八般武器」樣樣精通，在技術層面上林語堂可能望塵莫及，但是具體到對螃蟹肉的品味上他可是當仁不讓，甚至要將螃蟹的最後一點剩餘價值壓榨殆盡。在他的《京華煙雲》中，有

一回寫的是姚府過中秋吃螃蟹的場景，其中有一段木蘭和莫愁的對話：

木蘭又說：「還早呢。我妹妹吃一個螃蟹的工夫兒，我可以吃下三個呢。」

莫愁說：「你不算是吃螃蟹。你吃螃蟹像吃白菜豆腐那樣亂吞。」莫愁這時還沒吃完一個螃蟹，倒真是吃螃蟹的內行。她把螃蟹的每一部分都吃得乾乾淨淨，所以她那盤子裡都是一塊塊薄薄的，白白的，像玻璃，又像透明的貝殼兒一樣。

現在一個丫鬟端來一個熱氣騰騰的新菜，要把螃蟹殼兒收拾下去。莫愁說：「等一等，剩下的腿還夠我嚼十幾分鐘呢。」

顯然，林語堂對莫愁吃螃蟹精於品味的功夫是讚賞的，他自己也是這樣做的，在其《記遊臺南》一文裡，他盛讚了老闆娘的螃蟹的肥厚蟹黃，並說這螃蟹肯定是自家養的才會如此鮮美，儼然一個行家裡手。

有研究者認為，凡是喜歡吃螃蟹、雞爪這類費而不惠的東西的人，「在生活中往往更加堅韌頑強，更加富有生活情趣，也更能經受得起挫折的打擊」，因為「雞爪、螃蟹這些東西吃起來比較費勁，又沒有多少實質性的內容，那些聰明的食客更看重的是品嚐這個過程，而不是具體吃到什麼東西這個結果。一個注重過程而不拘泥於結果、肯為過程而付出的人，生活品質與情趣當然應該在平均值以上」。

吃與性情

　　金庸《射鵰英雄傳》中的洪七公以其愛吃、貪吃和會吃向來為我們所喜愛，與其說七公是「吃」，不如說是「痴」，他曾經因貪吃誤事，斷送了一位俠士的性命，悔怒之下，自斷手指一根以示懲戒；他為了吃黃蓉的小菜不惜破例收郭靖這個傻小子為徒，拿自己的降龍十八掌去換；他無所不吃，蛇蠍蟻蟲、飛禽走獸每一樣都可以成為他的下酒菜。在華山之巔，一道美味至極的「油炸蜈蚣」成了洪七公最後的晚餐，這道菜並不複雜，但其過程的費力與冗長卻沒有幾個人擔當得起。

　　這樣的洪七公正如林語堂筆下的蘇東坡一樣，所有人一想起他，臉上都會浮現出「親切而敬佩的微笑」。貪吃成了洪七公致命的弱點，而這樣的弱點卻讓他顯得無比可愛，吸引我們去親近他，了解他。

　　林語堂認為就是對吃的鄭重態度，才造就了這個民族獨特的血統。

　　他挪揄英國不可能誕生「華茲華斯牛排」或「高爾斯華綏炸肉片」，而對我們擁有「東坡肉」和「江公豆腐」引以為豪。然而，讓他始料不及的是，幾十年後的今天，速食和外賣正在日益成為社會的主流，泡麵的大行其道讓婚姻變得多餘，與此同時華人的味覺也在不斷地鈍化。話說回來，現

在的豬肉也不比以前，你不要指望從一頭被生長激素催大的豬身上可以割下一片純正的東坡肉。

　　要想做出純正的東坡肉，先要讓這頭豬在生前學會像東坡一樣悠閒地散步。

九　無所不談

> 許多年老的人或許還記得圍爐夜話那種溫暖的幸福，而對於
> 年輕人來說，這樣的場景已經成為風景和傳奇。

閒談體

在《與大千先生無所不談》一文中，林語堂回憶了自己與久別重逢的好友張大千之間一次妙趣橫生的談話。張大千儘管是個畫家，但這個大鬍子居然有幾分東方朔的能耐，林語堂說他：「談風甚健，記性又好。凡所經歷，人名、地名，都不假思索，說得出來。尤其關於當代人物，有許多我們不大清楚的都值得記錄。」能和這樣的人物對席而談，自然是「不亦快哉」！

這一次的談天是在張大千家以前的廚師開的酒樓上，酒桌向來是最完美的聊天場所，一個平時沉默寡言的人三杯黃湯下肚也會變得滔滔不絕。這一次，張大千照例又向林語堂爆了不少猛料，讓林語堂大呼過癮。

比如張大千告訴林語堂，齊白石「成為大畫家是打二百板屁股打出來的」。原來齊白石年輕時在長沙當木匠，擅長雕花。後來不知犯了什麼事，被抓到法庭上痛打了二百板屁

股，於是便從長沙逃到廣西，為了生計開始幫人刻圓章，憤
怒之餘也可能夜半跑到官府的圍牆上潑點紅油漆塗點鴉，沒
想到一不小心把自己搞成了一代宗師。

此外，席上張大千還跟林語堂講述了傅增湘的「菸癖」趣
事，林紓學畫的舊事，兩人還研討了毛澤東與章士釗的關係以
及辜鴻銘的一些事情。這些都在林語堂的記述之列，但我覺得
像他們這樣的性情中人，在酒酣面熱之時，肯定還有許多不登
大雅之堂卻精彩之極的黃段子，只是不便寫出來，譬如富春樓
老六的小腳之類的。我等晚輩對此也只能深表遺憾了。

這樣的談話往前推，也可能發生在孔子與子路，陶淵明
與農人，蘇東坡與佛印，蘇格拉底與柏拉圖，歌德與愛克曼
之間，或在魏晉七賢的竹林裡，或在蒲松齡的茶攤前，或在
周作人的烏篷船中，於是，人類歷史上一系列偉大的著作便
在這種精神自由、靈魂放鬆的情境下產生了。

林語堂無疑是一個熱愛談天的人，而他的聲名鵲起也開
始於一場閒談。那是 1932 年的夏天，十來個志趣相投的文人
每天都聚在詩人邵洵美的家中談天說地，大家興致很高，每
次散場時都有意猶未盡之感，於是決定辦一本刊物讓眾人在
上面暢所欲言，這就是林語堂主編的《論語》。

1932 年 9 月 16 日，《論語》問世，在其《編輯後記》中
這樣解釋刊名：「我們同人，時常聚首談論……這是我們『論』

字的來源。至於『語』字，就是談話的意思，便是指我們的談天。」《論語》以「幽默」為宗旨，給當時社會沉悶的天空帶來了一場痛快淋漓的「颱風雨」，一問世即大賣，以至於這一年被稱為上海文壇的「幽默年」，而《論語》的主要撰稿人林語堂、潘光旦等人也擁有了一批鐵桿粉絲（按照今天的叫法應該稱作「玉米」、「鴨蛋」等），在文壇江湖漸漸具備了「華山論劍」的資格。

談話的藝術

　　讓我來還原一下在林語堂家發生的一次痛快淋漓的好友聚會的場景：

　　林家客廳，六七人或坐或臥，每個人都選擇了自己認為的最舒服的姿勢，其中「一個將兩腳高高地擱在桌上，一個坐在窗櫺上，一個坐在地板上，將睡椅上的墊子搬下來當褥子用。」當然，這十來個人不全是鬚眉男子，時常也會夾雜著一兩個女子，因為主人覺得如果談天只是在男人之間進行，就會缺少幾分「輕倩性」，從而變得沉悶乏味。不過這樣作為點綴的女子不太好找，最合適的人選可能在富春樓或者春香樓，舊時代的男人是幸運的，因為以前的妓女往往是女人中最有文化的，而現在恰好相反。

　　來客中，老陳有點口吃，老張因為感冒有些鼻塞，老田咬字不清，老李一說錯話就會臉紅，這些都為談話增添了不少趣味。

在談話的間歇，林語堂必定要給大家泡上一壺上好的鐵觀音，而整個談話期間屋子一直是煙霧繚繞，那些不吸菸的人也要被迫吸入不少二手菸，但在這樣快樂的氣氛中大家誰都不會太在意。有時候，賢惠的女主人還會給大家端來一碗碗拿手的廈門麵線，讓眾人既享耳福又飽口福。中國文人幸運的地方在於他們往往有一個賢內助，蘇東坡和金聖嘆的妻子會在他們和好友聚會又手頭緊的情況下把自己頭上的金簪拔下來讓他們換酒喝。而蘇格拉底就沒那麼幸運了，家裡的悍婦常常讓他寧願跑到市場上跟閒人聊天或發表演講。不過這兩者殊途同歸，最後都成就了他們的偉大。

談話的內容天南海北，五花八門，「狐精、蒼蠅、英人古怪的脾氣、東西文化之不同、塞納河畔的書攤、風流的小裁縫」這些都是理想的話題，但更多時候是「忽而東忽而西，想著便談，並無一定的題目」，只要態度閒適、親切，放鬆就可以。林語堂認為好的談話如面對一個在河邊洗滌衣服的姣妍少女，穿著極淡雅的布衣服，頭髮或者有一綹拖在前面，衣服上或者有一顆鈕扣沒有扣上，令人見而生愛；壞的談話如一個打扮過分、塗脂粉抹得太濃的妖嬈女人一樣，令人避而遠之。

這就是林語堂心目中的「談話的藝術」。林語堂並不滿足這樣的談話僅限於室內，他認為這樣的談話隨時隨地可以發生，有時是坐在農家的木桶上，有時是於風雨之夕的航船中，有時是在清晨車站的候車室裡。

圍爐夜話

中國歷史上最完美的會話場景毫無疑問是「圍爐夜話」：在一個風雪交加的夜晚，三兩個好友圍著爐火而坐，溫一壺老酒，煮一鍋肉，飲酒微醺，豪啖肉，放言而談天下事，嬉笑怒罵皆成文章，講到痛快的時候也不妨拿起燒火棍敲打酒壺歌一曲「大風」，直到把酒壺的邊緣敲出缺口。

當然，這樣的談話不僅僅限於好友，也常常發生在一家人之間，一天的勞作之後，偶爾一個晚上圍著爐火磨磨牙，是一個不錯的溝通感情的方式。圍爐夜話，溫馨，浪漫而富有詩意。

遺憾的是，這樣美好的場景在林語堂那個時代已經漸漸地走向沒落了，林語堂說：「現在許多人都以為圍爐聚談或坐桶聚談的談話藝術，已因今日事業生活的速度而喪失掉。」他認為汽車的出現代表著人類進入一個快節奏的時代，從而給真正的談天藝術帶來了滅頂之災，因為「只有在有閒的社會中，談話藝術方能產生」。

其實，比汽車更可怕的是電視的發明，在林語堂那個時代，由於技術的原因，電視尚且無法主宰社會的生活，這是他幸運的地方。而到了當今社會，大部分人即使「偷得浮生半日閒」，也會毫不猶豫地奉獻給肥皂劇和各種無聊節目。人類最理想的養生之道是一張一弛，而現在的電視節目為了

提高收視率，卻不斷地以製造懸念、煽情催淚等方式讓我們本來稍微鬆弛的神經再次緊張起來，最終我們超負荷的神經將因此更加不堪重負。

　　汽車、暖氣、電視的發明都使人類「圍爐夜話」的傳統徹底走向了消亡，這也是為什麼在科學狂歡的同時，文學和哲學卻日漸式微。如果人類在物質不斷豐富的同時，精神卻不能同步跟上，那麼，「世界末日」的到來或許真的不是一個無稽之談。

十　林氏幽默

林語堂能成為幽默大師而我們不能，最主要的原因就在於我們失去了這種孩子氣的好奇心。

林氏幽默的源頭

林語堂傳神地把英語的 Humour 譯為中文的幽默，從此這個詞以迅雷不及掩耳的速度在中國流傳，而林語堂也被尊為幽默大師。

探訪林語堂幽默感的源頭，我們發現這很可能跟先天的遺傳有關係。林語堂的父親林至誠是個牧師，以布道為己任。有一次，林父在教堂里布道，遇到一幫覺悟不是很高的信徒，男人們坐在椅子上打瞌睡，女人們則在一旁肆無忌憚地聊天。這時林父表現出了其高超的幽默感，只見他在講壇上向前彎了一下身子，說：「諸位姊妹如果說話的聲音不這麼大，這邊的弟兄們可以睡得更安穩一點兒了。」

另外，林至誠愛笑，時常掛在臉上的笑容深深地感染了他的孩子們，同時他也要求孩子們多笑，林至誠最早給林語堂起名「和樂」就是希望他每天開開心心。在林至誠的帶領下，笑成了林家人的招牌，也讓這個多口之家一團和氣。不

過，這也留下了後遺症。林語堂後來回憶說，上大學後，他得時時刻刻提醒自己，不要隨便地以笑示人，那樣會顯得太傻氣。可以說，林至誠後天的這種笑的教育也對培養林語堂的幽默感造成了至關重要的作用，因為我們很難想像一個整天哭喪著臉的人會有什麼幽默感。林父的這種影響甚至使以後的林語堂固執地認為，笑跟一個國家的生死存亡息息相關。他在《論幽默感》一文裡面說道：「德皇威廉缺乏笑的能力，因此喪失了一個帝國，或者如一個美國人所說，使德國人民損失了幾十萬萬元。威廉二世在私生活中也許會笑，可是在公共場所中，他鬍鬚總是高翹著，給人以可怕的印象，好像他是永遠在跟誰生氣似的。並且他那笑的性質和他所笑的東西 —— 因勝利而笑，因成功而笑，因高居人上而笑 —— 也是決定他一生命運的重要因素。德國戰敗是因為威廉二世不知道什麼時候應該笑，或對什麼東西應該笑。他的夢想是脫離笑的管束的。」

　　雖然我個人認為林語堂的觀點未免有點絕對，因為中國歷史上像這樣因為不笑而亡國的例子我還沒找到，反倒有一件因為笑而亡國的例子很出名。當年周幽王為了博美人一笑，導演了一場「烽火戲諸侯」的戲，結果美人確實笑了，不過江山很快也沒了，這一笑竟然把西周笑成了東周。但我也承認，林語堂希望以幽默的方式來救國救民確實別出心裁

而且用心良苦，雖然魯迅先生對這一點並不認同而且還表示出憤慨之情，這也間接導致了二人後來的分道揚鑣。

除了家庭的因素，林語堂幽默感的另外一個重要來源是日常生活。

在《生活的藝術》自序中，林語堂寫道：「我的理論大多是從下面所說這些人物方面而來。老媽子黃媽，她具有中國女教的一切良好思想；一個隨口罵人的蘇州船娘；一個上海的電車售票員；廚子的妻子；動物園中的一隻小獅子；紐約中央公園裡的一隻松鼠；一個發過一句妙論的輪船上的管事人；一個在某報天文欄內寫文章的記者（已亡故十多年了）；箱子裡所收藏的新聞紙；以及任何一個不毀滅我們人生好奇意識的作家，或任何一個不毀滅他自己人生好奇意識的作家……」

兩個船娘之間隨口而出的罵句，廚子老婆反常的一個動作，老媽子嘮叨的言語，這些在我們眼裡平庸而又瑣碎的事情，從林語堂的角度來看，也許都具備了原始而質樸的幽默感，這也印證了大雕塑家羅丹的名言：「生活中不是缺少美，而是缺少一雙發現美的慧眼。」而在發現之前，應該再加上好奇心三個字，好奇心是發現的原動力。

林氏幽默及禪及太極拳

林語堂認為：「凡善於幽默的人，其諧趣必愈幽隱，而善於鑑賞幽默的人，其欣賞尤在於內心靜默的理會，大有不可與外人道之滋味，與粗鄙顯露的笑話不同。幽默愈幽愈默而愈妙。」（《論幽默》）

一句「幽默愈幽愈默而愈妙」點出了幽默二字的精義。在林語堂的理念中，真正的幽默應該是不偏激、不張揚、不乖張、不刻意為之、不顯山露水的，幽默的最高境界或許正如嚴羽在《滄浪詩話》中所描述的那樣：「盛唐諸公，唯在興趣。羚羊掛角，無跡可求。故其妙處，透徹玲瓏，不可湊泊，如空中之音，相中之色，水中之影，鏡中之象，言有盡而意無窮。」

林語堂還將幽默比為品嚐福建特產的鐵觀音，「初喝時不覺其味，靜默三分後才得其此中不足與外人道之底蘊」。茲舉林語堂幽默之經典案例如下：

其一，林語堂談自己心目中的理想生活：世界大同的理想生活，就是住在英國的鄉村，屋子裡安裝有美國的水電煤氣管子，有個中國廚子，有個日本太太，再有個法國的情人；
其二，一次，林語堂參加臺北一個學校的畢業典禮，在他說話之前，已經有許多漫長乏味的演講。輪到林語堂說話時，已經十一點半了，林語堂站起來，只說了一句話：「紳士的

講演，應當像女人的裙子，越短越好。」大家聽了一發愣，隨後哄堂大笑。

其三，林語堂一直對批判美國生活方式樂此不疲，在哥倫比亞大學講演時，有女學生問林：「難道我們美國就沒有一樣東西比你們中國強嗎？」林笑答：「有，你們美國的馬桶就比中國的好！」

其四，我認為屈腿蜷臥在床上是人生最大樂事之一。為了達到審美和心智發揮的極點，手臂的姿勢也相當重要。最好的姿勢不是平躺在床上，而是墊個柔軟的大枕頭，枕頭與床約保持三十度的斜角，然後枕臂而臥。在這種姿勢下，任何詩人都能寫出不朽的佳作，任何科學家都會有劃時代的發明。

從以上的例子裡我們可以看出，林語堂招牌式的幽默往往都是與我們的日常生活緊密相聯的，林語堂說，這世界太嚴肅了，需要有一種智慧和歡樂的哲學為調劑，而他的幽默就是枯燥生活的一種調味品。所以說，林氏幽默是與生活本身融為一體的，他從不刻意為了讓人發笑去製造一個笑話，有的只是水到渠成。

這樣的幽默觀也暗合了禪宗三昧，在禪宗公案裡，小和尚問禪師：「我苦心參禪，卻始終未入門道，這是為何？」禪師問：「吃飯了嗎？」小和尚答：「吃過了。」禪師說：「洗碗去！」小和尚一愣，隨即開悟。

這個禪宗公案其實說明的是，禪悟本來就在最普通的生

活之中，禪即是生活，生活即是禪，根本無須刻意去追求。禪如此，幽默亦如此。禪的頓悟往往是建立在漸悟的基礎上，幽默也是這樣，你與某個幽默初次邂逅時也許並未覺其妙。但當你過了許多年，經歷人生的磨練之後，突然想起當初的某句話，會發出會心的微笑。這個時候的感覺，自然妙不可言。這也是林語堂所說的「幽默愈幽愈默而愈妙」的境界。

在林語堂看來，一個好的幽默可以造成四兩撥千斤的作用，將生命中的沉重與壓力化為無形，他還舉了張敞畫眉遭皇上質問一事為例。張敞，漢宣帝時為京兆尹，相當於今天的首都市長。這哥們有一個癖好，每天必要親自給自己的老婆畫眉。有一天，張敞正在為妻畫眉不亦樂乎的時候，某御史突然求見，張不假整飾，急忙迎進。御史見狀，認為張敞輕佻不雅，有失體統，上本參奏其行為放蕩閨房不檢。宣帝召敞責之。張敞巧妙地回答：「臣聞之，閨房之內，夫婦之私，有過於畫眉者。」宣帝聞之釋然，不予追究。

林語堂說：「這故事固然好在張敞之幽默之誠實，而尤好在漢宣帝之幽默之寬容。若當時兩位君臣板起面孔來，什麼話都不好說，張敞非亡命不可。漢宣帝之不嚴於責人輕於責己就是漢宣帝的幽默。」

宣帝不予追究除了大度之外，也許是他突然想到了像張敞這樣可以每天為老婆畫眉的官員絕無在外包二奶的可能，也就不必為了二奶的脂粉錢而貪汙，實在是帝國不可多得的

好官。當然，宣帝的這種頓悟也是多虧了張敞之前的幽默作鋪墊，人在輕鬆的環境下腦瓜子自然也好使。

從這一點來看，林氏幽默又有點像太極拳。練過太極拳的人都有這樣的體驗，練拳之後，你的力量不僅沒有增加，反而還會逐步減少。但當你太極拳練到一定境界的時候，與人對決，看似輕飄飄軟綿綿的一拳發出去之後，對手往往如受千鈞之力，五臟六腑瞬時翻江倒海。

後記

林語堂的幽默並不是他一個人的獨角戲，而是許多「五四」大師的普遍性格。「五四」出來的這批大師大多天真，而天真就是幽默最好的前提。當然，每個人之間的幽默可能有著很大的區別。譬如，胡適與錢鍾書的幽默就與林語堂的幽默大相逕庭。

胡適的幽默往往帶著「自嘲」的性質，我想這與他所處的環境有關。胡適嚮往的是美國式的民主，然而他的領導老蔣更鍾情於法西斯式的獨裁；胡適的性格中頗有幾分名士風流，又深處「五四」這樣一個思想解放的時代，然而他對其母為孝子對社會是道德楷模，種種壓力下不得不與自己根本不愛之人相守一生。尷尬的處境，使得胡博士很富於解嘲精神。茲舉胡適幾個經典幽默案例如下：

其一，胡適上課喜歡引經據典，有一次他在北大上課時，引用了孔子、孟子、孫中山的話，於是在黑板上依次寫上：「孔說」、「孟說」、「孫說」。最後，輪到他發表自己的意見時，黑板上的幾個字引得哄堂大笑，原來他寫的是 ——「胡說」。

其二，有一次胡適接到友人從國外寄回來的十幾枚法國銅幣，幣上鑄有「PTT」3 個字母。胡適認為其諧音恰似「怕太太」，便以此分贈好友，戲言：「可作為『怕太太協會』的會員證章。」

其三，胡適曾在朋友聚會時說：「男人也應遵守『三從四德』。」眾人聞之，面面相覷，不知何解。胡適緊跟著說：「太太出門要跟從；太太命令要服從；太太說錯要盲從。太太化妝要等得；太太生日要記得；太太打罵要忍得；太太花錢要捨得。此之謂三從四德（得）。」眾人聞言，不覺莞爾。

而錢鍾書與胡適相反，他的幽默常常帶著「嘲人」的特色。在其妻楊絳筆下，我們看到了一個真實的錢鍾書，文學上是個大師，生活智商卻連小孩都不如，例如總記不得自己的生日，穿鞋分不清左右，老大了還整天玩一些小孩子都膩了的遊戲而樂此不疲。但就是這種長不大的心態，使得錢鍾書像安徒生《皇帝的新裝》裡面那個小孩子，具備了別人無法企及的洞察世界的能力，因此他能夠入木三分地揭示出這個世界上眾人的面具與偽裝，茲舉錢鍾書「嘲人」經典語錄如下：

其一，豬是否能快樂得像人，我們不知道；但是人容易滿足得像豬，我們是常看見的。

其二，形容女子「風骨」：有人叫她「熟食鋪子」，因為只有熟食店會把那許多顏色的肉公開陳列；又有人叫她「真理」，因為據說真理是赤裸裸的。鮑小姐並未衣不遮體，所以他們修正為「局部的真理」（錢鍾書在《圍城》中寫鮑小姐）。

其三，有些所謂的研討會其實就是請一些不三不四的人，吃一些不乾不淨的飯，花一些不明不白的錢，說一些不痛不癢的話，開一個不倫不類的會！其四，世界上大事情可以隨便應付，偏是小事倒絲毫假借不了，譬如貪官汙吏，納賄幾千萬，卻絕不肯偷別人的錢。

而林語堂的幽默既不同於胡適的「自嘲」，也有別於錢鍾書的「嘲人」，它表現得更加溫和，有時甚至有點圓滑，就像林語堂自己說的：「『幽默』是一種人生觀的觀點，一種應付生活的方法。」

林語堂在美國時，有一次應在美林氏宗親會的邀請發表演講，大會組織者希望他多宣揚一下林氏祖先的光榮事跡，借此機會「光」宗「耀」祖。這事很難辦，不說的話，同宗會失望，太過吹噓，又有失學人風範。不過這可難不倒幽默大師林語堂，他清了清嗓子，不慌不忙地說道：「我們姓林的始祖，據說是有商朝的比干遠祖，這在《封神榜》裡提到

過，英勇的有《水滸傳》裡的林沖；旅行家有《鏡花緣》裡的林之洋，才女有《紅樓夢》裡的林黛玉。另外還有美國大總統林肯，獨自駕飛機飛越大西洋的林白，可說人才輩出。」

　　臺下的觀眾剛開始不明真相，拚命地鼓掌。但大家很快意識到被林語堂嘲弄了，這些人跟真正的林氏祖宗的關係可謂八竿子打不著。不過大家見識了林語堂的幽默，並不因此責怪他，會心一笑，臺上臺下其樂融融。這就是幽默的魅力。

十一　漫畫家林語堂

我們所熟知的林語堂是一個文學家、學者、語言學家和幽默大師，但即使了解林語堂的人也沒有幾個人知道，林語堂竟然還是個漫畫家。

漫畫家林語堂

難以想像，林語堂竟是中國近代漫畫發軔之時的提倡者和創作者。學貫中西的他把英文的「cartoon」直譯成「卡吞」，這大概是我們現在所熟知的「卡通」一詞的前世。但相比現在流行的「卡通」，我更加青睞於「卡吞。」

「卡吞」一詞容易使人聯想到一根魚骨頭卡在喉嚨之間，而你極力地想把它吞下去時那無奈和尷尬的情形，這種如鯁在喉的情況很形象地表現出人在這個世界上的遭遇。而「卡通」，未免太直接了，一「卡」就「通」，結果雖然輕鬆，過程卻沒有那麼耐人尋味。

林語堂漫畫的水準雖然遠不能和豐子愷這類專業的大師相提並論，但其筆下卻往往能賦予靈巧的構思，以寥寥數筆勾勒出世界的真相和人生的真諦，簡約而不簡單，不專業卻專心，這是林語堂的漫畫能夠取勝的重要原因。

漫畫《中國財政之一線光明》，林語堂創作其的初衷是為了諷刺國民政府的腐敗和無能。畫面上一個黃包車伕低著頭拉著空無一人的車子舉步維艱地走在大街上，前方的陰影和車子與人本身相比，顯得大而空洞，猶如一隻在黑暗中張開血盆大口的怪獸。苦難將車伕的背徹底壓彎了，他走在路上，就像一隻走在茫茫沙漠裡的駱駝。前方看似很美，有象徵救贖的十字架，牆上還有政府立志「民眾幸福」的標語，但這一切都猶如海市蜃樓一樣虛無縹緲，只有生活的沉重是真實的。整張畫面構圖簡練之至，黑白對比鮮明的顏色給人以強烈的視覺衝擊，體現了林語堂獨到的匠心。

還有一幅《幸而不識字》在我看來更能表現出林語堂的神韻。畫面上一個老農正點燃一斗菸，臉上的表情知足而又陶醉。對於這樣一個質樸而單純的老農來說斗菸足以讓他成為這個世界上最幸福的人。於是，我們看到菸絲燃燒，猶如太陽一樣光芒四射，照亮了他黑暗的人生。漫畫的標題「幸而不識字」意味深長，識字往往使人肩負起太多的思想與理想的負擔，我們再也無法體會到不識字的那種快然自足的感覺了。文明不僅僅是個喜劇，有時候也是一個悲劇。比起一般漫畫過度強調諷刺的指向性，這幅漫畫圓潤而不刺眼，很符合林語堂的個人風格。

林語堂不僅躬身於漫畫的創作，還從理論上對漫畫的源流與精神作出了自己獨特的見解。漫畫這一事物在眾人的理

解中是一完全舶來之物，但林語堂卻把它打上了東方文化的烙印。

　　林語堂提出了一個讓西方漫畫家聽了都得氣得破口大罵的理論，他說中國的文人畫是西洋漫畫的老祖宗，「文人畫固係漫畫藝術之極峰，唯其精神技術，皆與通常漫畫相同。大致用筆主疏朗神奇，有中若無，無中若有，令人自發其奇致，不似老嫗喋喋討人厭也。」（《說漫畫》）他認為，文人畫與漫畫不管精神和用筆都是相通的，都具有「疏朗神奇」和簡練至極的功效，不像老太太的嘮叨讓人厭煩，而像年輕女孩的裙襬一樣讓人浮想聯翩。

　　林語堂所說的文人即中國古代的士大夫群體。士大夫作畫與專業畫工有著截然不同的目的，對於畫匠們來說，畫畫是餬口的工具，他們追求的是寫實與形似；而對於文人們來說，作畫只是一種浮生之娛，一種寄託和解脫的人生方式，專注於繪畫可以使他們遠離塵世的喧囂，獲得心靈的平靜與放鬆。因此，他們繪畫時並不在乎得其形而在於得其神，從這一點來看文人畫畫與寫書法並無不同。

寫意的人生

中國人常說「人如其字」，由此必也可以延伸出「人如其畫」。在古代擅長繪畫的文人中，王維堪稱其中翹楚。王摩詰之畫於水墨線條之間勾勒出一種詩意的氛圍，流露出了柔和、淡泊、簡遠、蕭疏的藝術妙趣，飄渺空靈，清新脫俗。這不僅表現在王維的畫上，也表現在王維的人生理念中。每讀王維詩集，至「行到水窮處，坐看雲起時」二句，總是忍不住欲喚奈何。隨意而行，不知不覺，竟走到流水的盡頭，看是無路可走了，於是索性就地坐下來，看那悠閒無心的雲興起漂游。這種以自然的節奏行進的人生，隨性之至，瀟灑之至。

行到水窮處，走到無路可走，如果是阮籍會停下來大哭一場，如果是王子猷可能路還沒有走完就已經興盡而返，如果是常人會調轉腳步另尋他路，唯有率性之人才能在一條路走到頭時有這種雅興，可以從容淡定地坐下來，漫看天上的雲卷雲舒。

這種不和世界與人生較真的精神正是寫意人生的真實寫照，我們在林語堂身上時時可以尋到其印跡，就像他自己說的那樣：「我可以每日行三十里，或隨意停止，因為我素來喜歡順從自己的本能，所謂任意而行；尤喜自行決定什麼是善，什麼是美，什麼不是。我喜歡自己所發現的好東西，而不願

意人家指出來的。」（《林語堂自傳》）

林語堂的外孫黎撰文回憶他們一起在歐洲的日子，其中有一段趣聞。一天，他和外公林語堂在義大利可磨湖的小漁船上釣魚，外公忽然站起來，高聲唱起義大利歌曲《我的太陽》，附近的漁民一愣，隨即看到唱歌的是一個中國的老頭子，個個大笑不止。

他人笑我太瘋癲，我笑他人看不穿。旁觀者笑林語堂唱歌，大致是由於他的為老不尊，絲毫不顧及自己長者的形象。而對林語堂來說，他根本不會計較他人的感受，只要自己開心就行了。在湖上唱歌的林語堂和《紅樓夢》裡醉臥芍藥圃的史湘雲一樣，在別人眼裡他們只是一副好笑的漫畫，而對他們自己來說，卻已經和週遭融為一體，成為風景。

這樣的故事，不僅發生在林語堂身上，也發生在很多五四大師的身上。

錢鍾書在清華執教時養了一隻貓，他覺得這隻貓很有靈性，對其異常疼愛。這隻貓經常在晚上為了爭風吃醋和別的貓打架，錢鍾書為此特地準備了一根長竹竿，倚在門口，不管天有多冷，一聽見貓的叫聲，就衝出去幫自己的貓兒打架。

最有爭議的漫畫

　　林語堂是一個小品文大師，小品文和漫畫的關係猶如孿生兄弟。換個說法，小品文就是文字領域裡的漫畫。所以，林語堂人生中最重要的「漫畫」，還是應該到他的小品文裡面去尋找。

　　在《食品與藥物》一文裡，林語堂杜撰了孔子離婚的場景。他說：「孔子之妻究竟是被休，還是她因受不了丈夫的種種苛求而逃回娘家，其實的事實不很明了。在孔子，『食不厭精，膾不厭細』，他『不得其醬不食，割不正不食，色惡不食，臭惡不食。』我敢斷定孔太太對於這些要求總是能忍受的，但是有一天她買不到新鮮的食物，不得已命她的兒子鯉到店鋪裡去買些酒和熟食以供餐，孔子卻說：『沽酒市脯不食。』到這時，她除了整一整行李，棄家逃走之外，還有什麼辦法？」

　　這簡直活脫脫就是一幅絕妙的漫畫，一本正經的孔子，落荒而逃的孔夫人都會讓我們發出一陣會心的微笑。

　　而要論到林語堂一生中最重要、最富有爭議的一副「漫畫」，毫無疑問是他在魯迅逝世後，在其《悼魯迅》一文裡以漫畫的筆法刻畫了一個他心目中的魯迅形象：

　　　魯迅與其稱為文人，不如號為戰士。戰士者何？頂盔披甲，
　　　持矛把盾交鋒以為樂。不交鋒則不樂，不披甲則不樂，即使

無鋒可交，無矛可持，拾一石子投狗，偶中，亦快然於胸中，此魯迅之一副活形也。德國詩人海涅與人曰，我死時，棺中放一劍，勿放筆。是足以語魯迅。

魯迅所持非丈二長矛，亦非青龍大刀，乃煉鋼寶劍，名宇宙鋒。是劍也，斬石如棉，其鋒不挫，刺人殺狗，骨骼盡解。於是魯迅把玩不釋，以為嬉樂，東砍西刨，情不自已，與紹興學童得一把洋刀戲刻書案情形，正復相同，故魯迅有時或類魯智深。故魯迅所殺，猛士勁敵有之，僧丐無賴，雞狗牛蛇亦有之。魯迅終不以天下英雄死盡，寶劍無用武之地而悲。路見瘋犬、癩犬及守家犬，揮劍一砍，提狗頭歸，而飲紹興，名為下酒。此又魯迅之一副活形也。

看起來這有點不像魯迅，倒像是唐吉訶德。長期以來，唐吉訶德都是以漫畫般的形象存在於我們的大腦之中，以至於我們想起他時總是會忍俊不禁。但魯迅可不一樣，一想起魯迅，我們不僅不會忍俊不禁，反而會正襟危坐，面帶莊嚴肅穆的神情。林語堂這個玩笑好像開得有點大了。

問題是，魯迅究竟能不能被開玩笑？在美國，總統和他養的小狗經常被小報拿來開涮，柯林頓當年參加競選時甚至還要回答女選民自己喜歡三角內褲還是四角內褲的問題，但這並不妨礙他們在民眾當中的形象，反而為他們贏得了不少的支持率。

如果生活中的魯迅真的偶爾撿起地上的石子投狗，那也無傷大雅，可能很多人還會因此更加仰慕他。

十二　發明家林語堂

一介書生，卻窮其半生精力執著於中文打字機的發明上，對林語堂這一瘋狂的舉動，人們歷來褒貶不一。而我想說的是，請不要過多地把目光放在發明這個字眼身上，發明背後的內容才是真正耐人尋味的。

不僅僅是打字機

不僅僅是打字機，事實上，林語堂對發明的熱愛以及他在這方面的天賦在他很小的時候就已經確定了，就如胎兒6個月大的時候在子宮裡喜歡用哪隻手摳鼻子就已經決定了他以後是不是左撇子了。

童年時，林語堂對中草藥治療外傷的療效感到很神奇，為此他上山採了很多草藥來研究，並且還真的鼓搗出了一種「好四散」。林語堂對它的療效深信不疑，只是姐姐們常拿這件事來嘲笑他。

林語堂在小學裡學到了缸吸管的原理後，花了幾個月時間在自家菜園內思考改良水井的吸水管設備，想發明一套自流灌溉系統，使井水自動流到園內，這個「工程」的失敗使林語堂幾十年後仍然耿耿於懷。

　　林語堂說：「自從小孩子的時候，我一見機器便非常的開心，似被迷惑。」在乘輪船去廈門上學的途中，他常常一動不動定睛凝視那些船上的機械，那個時候他還深信自己未來的職業將與發明有關。

　　此時的林語堂像極了《別鬧了，費曼先生》中那個未來得諾貝爾物理學獎的小費曼。如果林語堂不是在聖約翰大學偶然選中了文科，中國的歷史上也許就要少一個文學家而多一個科學家了。直到 40 歲，林語堂仍然在幻想自己 50 歲時，「從事文學工作的六七年計畫完成之後」，要進入美國麻省理工學院當學生。

　　而在美國，除了打字機之外，林語堂還繪製了「自動牙刷」手繪草稿、「自動門鎖」草圖和自動打橋牌機等，還為廖翠鳳設計出符合人體力學的舒適座椅，涉及範圍相當的廣泛。

　　一個人要從小到老保持對一種事物的熱誠這本身就是非常難得的。而在林語堂熱愛發明的背後，更難得的是他自始至終不變的好奇心。林太乙在其日記《吾家》中向我們展示了成名後林語堂心目中的自己：「在美國，父親開始寫《生活的價值》（即《生活的藝術》）一書，這是他最著名的書，成了 1938 年美國的暢銷書，被譯成 12 種文字發行。但成功並沒改變我父親，他說：『我仍是孩子，一個睜著一雙眼睛注視著這個奇異世界的孩子。』」

的確，林語堂就是這麼一個長不大的孩子，在他的眼睛裡這個世界無時無刻不是神奇莫測的，這也促使他以永恆不變的好奇心去探索這個世界，而發明就是他與未知世界溝通的一個工具。我們經常看到小孩子擺弄一件毫無意義的東西時興奮不已，我們在年幼的時候可能也是這樣做的。可是當我們長大了，對於各種事物變得司空見慣甚至麻木不仁後，於是這種與生俱來的看待世界的幸福感也就在我們身上消失得無影無蹤了。

我們不幸的地方，也正是林語堂幸運的地方。哪怕他已功成名就，熱愛世界，喜歡觀察世界的眼光卻始終沒有改變。

1936 年，林語堂舉家赴美之初，由於環境陌生沒有僱傭人，得自己動手豐衣足食。這一階段，林語堂對擦皮鞋產生了濃厚的興趣。他不時要去街上看黑人小童怎樣把皮鞋擦得油光發亮，然後回家如獲至寶地給孩子們傳授此道。

明快中文打字機

有人說，林語堂發明了第一架中文打字機。實際上，應該是第二架，這也恰巧符合了林語堂喜歡追求第二的精神。

第一架中文打字機是在 1919 年商務印書館製造的，以其製造者之名命名為「舒震東式華文打字機」。這個打字機的

特點是笨重而又複雜，它以康熙字典檢字法分類排列，機上配備了一個容納 2,500 個印刷鉛字的常用字盤，打字員至少要經過為期 3 個多月的針對性訓練方能上工，而其打字的效率估計比現在的聯合國開會好不了多少。

這樣的打字機，可以說既不「明」，也不「快」，因此林語堂儘管是第二個吃螃蟹的人，但他的「明快中文打字機」仍然體現出了其高度的智慧與良苦的用心。

早在 1916 年，林語堂發明中文打字機的前奏就已經鳴響了。那時，他在上海買了《機械手冊》以及各種型號的外文打字機，邊拆邊研究，愣是把自己的家變成一個修理廠。而在打字機問世前的兩三年內，林語堂更是廢寢忘食，女兒們說他「就像著了魔似的」。

窮三十餘年的心血，終於在 1947 年 5 月 22 日，林語堂的中文打字機宣告成功了。「明快中文打字機」採用了先進的上下形檢字法技術。打字員無須經過複雜的訓練，簡單而又實用，最多可以打出約 9 萬個繁體漢字。林語堂在新聞發表會上意氣風發地指著樣機對記者們說：「這是我送給中國人的禮物！」

但這樣的喜悅並沒有維持多久，由於當時中國內戰正熾，逐利的商家們誰也不願意冒險投產這項發明，林語堂的「禮物」竟然沒有機會送到國人的手上。而此時，林語堂為了

發明打字機不僅花費了一生的積蓄，而且負債纍纍，可以說物質上和精神上遇到雙重的致命打擊，就像一個炒股傾家蕩產的人。換成一般人，基本上可以考慮哪種死法比較適合自己了。

王小波談到中國知識分子榜樣時，舉出了陳寅恪、馮友蘭這樣的大教授。而對陳寅恪，最讓王小波感慨的是，其窮畢生經歷考據了一篇很不重要的話本《來生緣》。王小波說，想到這件事，他並不感到有多振奮，反而有些傷感。從這一點來看，林語堂窮其半生精力研究出一個一出生就夭折的打字機，兩者頗有可比性。

在困境的時候最容易看出一個人的本色，儘管打字機給林語堂帶來了致命的損失，但他卻從未因此後悔過，他以一句「人要有夢想，才會有進步」輕描淡寫地將這件事化解，始終坦然自得。而此時，他的妻子廖翠鳳卻因為這件事情屢次以淚洗面。

在發明中文打字機的過程中還有很多細節足以說明林語堂的性情。有一次，林語堂向女兒林太乙炫耀自己的成就，認為自己在打字機方面最大的貢獻是創造了上下形檢字法的鍵盤。林太乙提醒他：「你當時可以把漢字照上下形檢字法分類，弄個紙型鍵盤，不就可以向別人推銷了嗎？而且可以避免不必要的風險。」林語堂若有所思，說：「也許你說得對，但我還是忍不住要製造一部真正地打字機，可以真正地把字

打出來。當然，我沒想到要花那麼多錢。」

其實，女兒的想法林語堂何嘗不知道，然而其發明打字機真正的樂趣在於過程，而不在於結果。如果按照林太乙的方案，固然可以規避風險，但這件事對林語堂來說也就失去了意義。這三十餘年來專注於發明打字機的快樂在林語堂看來足以抵消破產的損失，「千金散盡還復來」，只有快樂是買不回來的，這也是人生的真諦。

後記

林語堂發明的「明快打字機」在「入土」之前還有一段「迴光返照」的花絮。1948 年美國摩根索拉排字機公司以兩萬美元買下「明快打字機」的永久專利權，準備擇機生產和向市場推廣。這兩萬美元比起林語堂發明打字機所耗費的金錢和心血，只能說是杯水車薪，但林語堂簽約後卻手舞足蹈，高興地說：「我的發明終於有用武之地了！」

可惜，終因成本太高，摩根索拉公司放棄了生產中文打字機的念頭。而後幾十年，這臺打字機一直放在該公司一個不起眼的角落裡，無人問津，只有塵土與它為伴，直到公司搬家時被當成垃圾處理掉。

而現在，在臺北陽明山麓緊挨著林語堂墓地的故居裡，也擺著這樣的一個「明快打字機」的模型，善良的人們相信

林語堂「魂兮歸來」，回到家裡，看到這個打字機一定會萬分高興。

　　周國平說過這樣一段話，也許可以用來概括林語堂發明打字機的心路歷程：

> 一個人不論偉大還是平凡，只要他順應自己的天性，找到了自己真正喜歡做的事，並且一心把自己喜歡做的事做得盡善盡美，他在這世界上就有了牢不可破的家園。於是，他不但會有足夠的勇氣去承受外界的壓力，而且會有足夠的清醒來面對形形色色的機會的誘惑。我們當然沒有理由懷疑，這樣的一個人必能獲得生活的充實和心靈的寧靜。（周國平《記住回家的路》）

十三　不可理喻的老師

林語堂一直認為制度是一項很糟糕的東西，這種對於刻板制度的反叛以及對自由的熱愛精神，在他小學時代就彰顯無遺。

為師不尊

要當好林語堂的學生，你必須具備一顆強大的心臟。他給你上的第一堂課，是教你怎樣在課堂上吃花生米，而他給你上的最後一堂課，則是把你叫過去相面，從而決定你的課業成績。

林語堂曾經在蘇州的東吳大學兼任了一年的英文教師。在第一節課上，林語堂就給學生們留下了驚世駭俗的印象。剛進教室不久，他就拿著一大包帶殼花生逐個分給班上學生。

學生們一個個瞠目結舌，不知道這林老師葫蘆裡賣的是什麼藥。更有多疑者認為這可能是老師對自己的一個考驗，大家面面相覷，誰也不敢帶頭剝花生。

林語堂為了緩解緊張的氣氛，開玩笑道：「花生米又叫長生果。諸君第一天上課，請吃我的長生果。祝諸君長生不

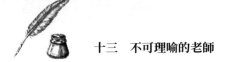

老！以後我上課不點名，願諸君吃了長生果，更有長性子，不要逃學，則幸甚幸甚，三生有幸。」說著，自己先動手剝起花生來。

學生們聽了林語堂的話，一個個哈哈大笑，課堂裡剝花生和嚼花生的聲音響成一片。看著大家把花生吃完，林語堂心滿意足地宣布：「今天的課就是這樣，下課！」說完，頭也不回地走了，只留下班上如雕塑一般呆坐的學生。

如果要尋找林語堂這種上課方式的源頭，我認為近的可以追溯到英國的下午茶。在劍橋大學，學生們獲益最多的場合，不是在課堂上，而是在與導師喝下午茶的地方。喝下午茶的時候，你完全不用像正式上課一樣拘束，這種遠離課堂、自由而隨性的氣氛，最容易產生思想的激情與火花。在劍橋，有個不成文的制度和呼聲：「來吧，來喝下午茶，不付費。」劍橋的下午茶迄今為止已喝出了六十多位諾貝爾獎獲得者。這樣的下午茶風氣，不僅見於劍橋，在西方的大學裡都普遍存在，想必林語堂一定深有體會。

至於遠的，可以追溯到孔子。孔子上課時，從不一本正經，高高在上。他喜歡的方式是跟學生們圍坐在一起，彼此之間不過分注重尊卑，而後孔子會提出問題看大家有什麼看法，鼓勵大家隨意發揮，我口說我心。夫子高興的時候，時不時還要跟學生開開無傷大雅的玩笑。在這樣輕鬆而愉悅的氛圍中，學生們的靈性和秉性都得到了最大限度的提升。這

也是我們尊稱孔子為偉大教育家的原因。林語堂對孔子的智慧有深入的研究，這一點他不可能不明白。

　　但你如果就此認為林語堂的課可以輕易地矇混過關，那麼你就大錯特錯了。林語堂同樣會考察學生成績，只不過他考試的形式絕對在你我的想像之外。到了最後一節課 —— 這可能是林語堂一學期唯一一次在講臺上正襟危坐，他手拿學生的花名冊，按照順序念班裡學生的名字。每一個被唸到的學生，就自動站起來。接著林語堂會像看一件藝術品一樣把這個學生從頭到尾打量一番，之後在成績冊上像模像樣地記上一個分數。

　　這樣別出心裁的考試形式源於林語堂對考試制度的厭惡，他說：「倘使我只在大學講堂演講，一班 56 個學生，多半見面而不知名，少半連面都認不得，到了學期終叫我出 10 個考題給他們考，而憑這 10 個考題，定他們及格不及格，打死我我也不肯。」他還把考試比成大煞風景的「煮鶴」：「惡性考試藝術就是煮鶴藝術，可惜被煮的是我們男女青年。」

老師的學生時代

林語堂一直認為制度是一項很糟糕的東西，這種對於刻板制度的反叛以及對自由的熱愛精神，在他小學時代就彰顯無遺。

林語堂讀小學時做的最讓他引以為豪的事情是一次他在考試前夕竊取了老師的考卷，使得整個班級的同學在這次考試中一致得了高分。考試後，老師為了搜捕出潛伏的「間諜」忙得暈頭轉向，但最終一無所獲。不過這樣的事情林語堂也只做了一次，金盆洗手的原因很無厘頭，原來他覺得幹了這麼引以為豪的事情卻只能憋在心裡實在太痛苦。

而到廈門尋源書院讀中學的時候，林語堂的自由天性更是得到了進一步的發揮。

尋源書院是個教會學校，身為牧師子女的林語堂可以免費上學，但這並未激起他的感恩之心。相反，尋源書院死板的教育讓林語堂極其反感，以至於他在回憶自己的中學時代時竟然說：「我的中學教育完全是一個浪費！」

尋源的校規嚴格，學生們從每天早晨八時到下午五時，都必須靜坐在教室裡讀書，「偷看雜書，或交換意見（即所謂課堂閒談）者，皆是罪過，是犯法」。對此，林語堂採取了一種「非暴力不合作」的抵抗方式，老師在上面講得唾沫亂飛，而他卻在下面看自己喜歡的書而逸興遄飛。對此，他

抱怨道：「上課和不上課的分別是，在假期，我可公然看書，而在上課的時候我只好偷偷地看書。」

林語堂從心眼裡鄙視那些所謂的最優秀的學生，他認為這些學生只不過是老師肚子裡的蛔蟲，靠揣摩老師心思來獲得高分。對於這種學生，他有 —— 種「韓信羞與絳灌伍」的感覺。

上了聖約翰大學之後，林語堂照樣我行我素。大考之前，眾人都在「頭懸梁，錐刺股」，林語堂卻一個人跑到蘇州河邊去釣魚。後來，他還「蠱惑」了一個同室好友，考試前夕跑到蘇州河邊跟他釣了一天的魚，結果考場之上兵敗如山倒。這件事也使林語堂反思，看來自己的學習方式並不是適用於所有人的。

林語堂學生時代最快樂的時光應該是在哈佛大學度過的，哈佛大學自由的學術氛圍讓他受益匪淺，在這裡他可以跟自己的老師上午爭得面紅耳赤，下午照樣坐下來一起喝茶瞎聊。而哈佛大學燕京圖書館瀚如星海的圖書典藏更是讓他如獲至寶，他的靈魂在這裡可以痛快地暢遊。後來，他把自己與哈佛的關係形容為猴子與叢林的關係。

當圈養成為一種時尚

陳丹青曾經憤慨地說道：「中國大部分大學生就像被圈養的家雞、家犬。就這樣放出去謀生，當然比不上那些草雞、野犬。」

其實，陳丹青先生無須大驚小怪，中國的學生被圈養，大學並非罪魁禍首。這點至少可以追溯到他們的小學時代，那時的圈養是一種強迫性圈養，而大學的圈養只不過是習慣性圈養，前者的悲哀要遠遠大於後者。

我們為林語堂感到慶幸，在他成長的過程中，他身上這種原始的野性從來沒有被制度所馴化。林語堂所就讀的教會學校絕不像他所說的那麼死氣沉沉，反過來它們可能要比某些國立的大學有活力得多，在當年的中國，聖約翰、燕京、輔仁、震旦諸多教會大學都是中國學界的佼佼者。就連林語堂自己也不得不承認：「倘若說聖約翰大學給我什麼好處，那就是給了我健康的肺。我若上公立大學是不會得到的，我學打網球，參加足球校隊，是學校划船隊的隊長。」

很遺憾，林語堂這樣的學生如果生活在我們這個時代，他很可能會被定位為一個不可調教的學生而走向另外一條道路。而林語堂這樣的老師如果生活在現在的中國，大半也是要被作為異端分子看待的。作為老師的林語堂從不用正規的教科書，光這一點他就要被冠之以誤人子弟的名號而被謾罵。

中國人為什麼得不了諾貝爾獎,其實從一本書就可以知道了。書的名字叫《別鬧了,費曼先生》,這本書的作者就是主角費曼,他得過諾貝爾獎,被譽為現代最偉大的理論物理學家之一。

這本書講述了費曼從一個無可救藥的頑童成為大師的過程。直到成名後,費曼仍然「惡習難改」,他在領取諾貝爾獎的同時也被按摩院請去畫裸體畫、偷偷打開放著原子彈機密文件的保險箱、在巴西桑巴樂團擔任鼓手。他曾跟愛因斯坦和波爾等大師討論物理問題,也曾在賭城跟職業賭徒研究輸贏機率。

美國的社會可以寬容地接受這樣一個不可理喻的科學家,不知道在中國行不行?

十四　荒唐的父親

有一次林家全家去了巴黎，林語堂竟然帶著三個未成年的女兒一起去看了場脫衣舞表演……

林家三女

不知道是不是一生崇拜女性的原因，林語堂膝下唯有三個女兒。為此，廖翠鳳還遭到娘家人的嘲笑，說她只會生女兒，但林語堂根本不在乎什麼傳宗接代，他認為女兒和兒子一樣好，當廖翠鳳生了三女相如之後，林語堂便讓她施行了輸卵管結紮手術，這才讓余光中有了後來居上的機會。

有趣的是，林語堂女兒的名字也出自父親的一時心血來潮。林語堂的三個女兒原來名為鳳如、玉如、相如，但女兒上學之後，他覺得大女兒和二女兒的名字比較俗，決定為她們改名。大女兒鳳如改為如斯，取自孔子的「逝者如斯夫」，這個名字翻譯成現在的話就是「像這樣子」，我感覺並無任何特別意義，也許只是這天林語堂剛好讀了《論語》而已。他甚至沒發覺「如斯」前面還有「逝者」二字，給人不祥之感，後來果然應驗了。二女兒玉如一開始改名為無雙，不知道是不是林語堂剛剛看了唐傳奇，但這個名字立即遭到

108

玉如的強烈反對，因為「無雙」意味著以後嫁不出去。林語堂這才發現自己的錯誤，於是又改為太乙，這兩字取自《呂氏春秋·大樂》中的「萬物所出，造於太乙」，意即天地之間的混沌之氣，林語堂或許只是覺得這樣很有趣，他根本沒有注意到女兒的不樂意，在太乙心裡「玉如」要比「太乙」好聽多了！

中國人向來重視取名一學，很多人覺得一個好的名字可以給人的一生帶來好運，取名時往往要深思熟慮、翻爛字典，而林語堂率性之至的取名方式也正好反映了他的性格。

林家三女後來都很有出息，大女兒如斯後來在臺北故宮工作，臺北故宮館藏的英文介紹大多出自她手；二女兒太乙是《讀者文摘》中文版的創始人，並任香港《讀者文摘》總編輯 23 年之久，姐妹中只有她繼承了父親的衣缽成為了一個作家；三女兒相如是哈佛大學的生物化學博士，曾任教於香港大學。

而在鄰家三女成才的背後，林語堂的影響無可比擬，尤其是其阻止兩個女兒上大學的逸事在今天的中國人看來更有非同尋常的意義。

1944 年，林太乙在美國中學畢業，以她的成績可以很輕鬆地進入美國一所著名的高等學府繼續深造，然而林語堂卻勸告自己的女兒不要上大學，而在更早之前他的大女兒如斯

已經接受了他的建議放棄了上大學的打算。林語堂反對女兒上大學源於他對大學「極端不自由，極端不負責」的教育制度的厭惡，但他未免有點小題大做，也許他是把對中國大學的理解刻板地移植到美國大學身上了。就連林太乙也想不通為什麼父親當年千辛萬苦才上了大學，現在自己的機會唾手可得卻要輕易放棄？不過林語堂認為學人文學科的人只要刻苦鑽研一本字典學的就可以比大學裡學得多，這一點對當今中國大部分學生而言倒是事實。

荒唐父親

　　林語堂從小就鼓勵女兒們寫日記，他告誡三個女兒，想到什麼就寫什麼，但千萬不要像小學生作文那樣寫假話給先生看，例如「天天玩耍，不顧學業，浪費光陰，豈不可惜」這類的。無論寫什麼，最關鍵是一個「真」字。也正是由於林語堂的女兒們樸素而又真實的記載，我們今天才有幸在文字裡看到一個血肉豐滿的鮮活的林語堂。

　　林語堂說社會是個大學校，小孩子從小什麼都應該見識見識。在上海時，林語堂和朋友們吃館子便把孩子們一起帶過去，所謂吃館子說白了就是喝花酒。林語堂在叫局的時候，竟然拿來花名冊讓自己的女兒點，小孩子也很得意這個，心裡對小姐說：「其實，你們是我叫來的！」林語堂一家看到街

上淪落風塵的妓女時，廖翠鳳對女兒說她們是壞女人，林語堂卻強調她們只是為生活所迫，和正常人沒有什麼不同，這也培養了女兒的平等之心。

更誇張的是，有一次林家全家去了巴黎，林語堂竟然帶領三個未成年女兒一起去看了場脫衣舞表演。那是在巴黎一個名叫「地獄」的娛樂場，先是一個男人在彈鋼琴，突然間，燈光亮了，出來很多一絲不掛的女人，在臺上大跳熱舞。女兒們一開始掩面低頭不好意思看（也可能是因為父親在旁邊，得裝一下），林語堂卻告訴她們，這樣的表演是崇高美麗的藝術，一點都不下流，只管放心大膽地看。結果幾個人一直在娛樂場待到深夜才回家。

林太乙回憶道，自己小時候上學很用功，每天晚上都要花好幾個鐘頭在家裡做作業，這樣上進的孩子如果放在普通的家長眼裡都會忍不住鼓勵讚揚幾句，但是林語堂卻不時一反常態地告訴她：「不要做啦，分數不要緊！」

到了美國後，林語堂為了不讓女兒們的中國文化課變得生疏，每天都要抽空親自給她們上課。他授課的內容沒有一點定規，今天是《唐詩三百首》，明天可能是《聊齋》，後天又換成了《沈從文自傳》或者《西廂記》，甚至還有《教女遺規》這樣時人都認為落伍的書籍。而授課的形式更是靈活多樣，按照林語堂自己的話來講，就是「瞎講」、「亂講」，

隨性發揮，海闊天空。至於作業就是寫日記，怎麼寫隨便，但是一定要寫出自己的心裡話。

林語堂認為玩是孩子們的天性，為了讓她們的天性自由發展，他一有空就像一個孩子頭一樣帶領女兒們做遊戲。他鼓勵女兒們要養成一種能經受磨練和敢於冒險的精神，因為這是人最原始的本能。有時，他在家門口教女兒騎腳踏車，看到她們摔倒，他會過去告訴她們只有摔倒幾次才學得好。

林家客居歐洲時，有一次林語堂帶領全家去著名的維蘇威火山探險。林語堂臨時雇了一個嚮導帶領大家向火山進發，那天山高雪厚風大霧濃，眾人花了九牛二虎之力才來到火山口，只見，只見熔岩滾滾，聲如獅吼，急遽上升的溫度似乎要把一切都溶化。林語堂還要繼續往前走，廖翠鳳卻嚇得大叫：「小心啦，不要再走了……」

後記

在林語堂的《蘇東坡傳》裡，記載了這樣一件事：

蘇東坡小時候，母親教他《後漢書》，讀到《范滂傳》時，他感慨頗深，抬頭問母親道：「我如果長大之後做范滂這樣的人，您願不願意？」母親回答道：「你若能做范滂，難道我就不能做范滂的母親嗎？」

　　林語堂舉這個例子，也許是想告訴我們不止是父親蘇洵，其實蘇母也在蘇東坡的成才之路上造成了重要的作用。我們現在的父母教育子女總是告訴子女「你」應該怎麼做，而高明的父母往往更注意「我」應該怎麼做，身教的作用遠遠要大於言傳，林語堂就是這麼做的。

　　有學者認為，當代中國之所以出不了大師，很重要的一個原因就是書香門第傳統的喪失。不管是中國也好，外國也好，相當多的大人物並非在學校完成他們的「頓悟」，而是在家庭濃厚的書香中完成「漸悟」，在這其中，長輩的個性與氣質對兒女的成長造成了至關重要的作用。

　　對林語堂的女兒來說，這輩子能碰上這樣的父親實在是莫大的幸運。這一點林太乙深有體會，她在《憶父親》裡面說道：

　　父親一直到老，心裡一直都充滿夢想，覺得世界是美好的。
　　對我來說，他是最好的父親！

十五 「魏晉」與「晚明」的恩怨

在林語堂一生中，和魯迅的一段恩怨屢屢被後人提起，甚至連林語堂自己都意想不到它的影響竟會如此之大。作為旁觀者，我們再來看兩人的這段恩怨，不妨換個角度，比如可以從魏晉與晚明之間的對比來解讀兩人的關係。

相得相離

1923 年，林語堂從歐美遊學歸來，執教於北大。當時北大教授分成兩派，一派是周氏兄弟為首的「語絲」派，另一派是以胡適為代表的「現代評論派」，兩派各占山頭，互不相讓。此時的林語堂還是一個書生意氣的熱血青年，為了理想，他「背叛」了有恩於己的「我的朋友胡適之」，毅然加入「一個都不饒恕」的魯迅旗下。這一點，連林語堂自己後來回憶起來都覺得有點不可思議。

在 1925 年 11 月的學潮中，林語堂與學生們一起走上街頭遊行，在與軍警的搏鬥中，曾是棒球投手的林語堂扔石子又狠又準，把敵人砸得鬼哭狼嚎，一時成為學生的偶像。林語堂也在搏鬥中掛了彩，眉頭留下了一個永遠的傷疤。魯迅對此也深表讚許，將林語堂引為革命同志。

　　1925 年 12 月 5 日和 6 日，這在林語堂和魯迅 11 年的交往史上，是一個有特別意義的日子。這兩天，魯迅連續而主動地寫了兩封信給林語堂，向他約稿。這代表著兩人友誼的開始。

　　魯迅與林語堂友誼的高潮發生在兩人共事於北京女子師大期間。1926 年「三·一八」慘案發生後，女師大的女學生劉和珍在遊行中犧牲於敵人的屠刀之下，悲憤之餘魯迅寫了《紀念劉和珍君》，林語堂也寫下《悼劉和珍楊德群女士》，兩篇文章猶如雙子星閃耀，交相輝映，共同見證了兩人一起經歷的那段激情燃燒的歲月。

　　而後林語堂和魯迅上了軍閥的黑名單，攜手南下廈門任教兼避難。在廈大短暫的幾個月雖然彼此都過得不愉快，但是兩人的友誼卻更上一層樓。林語堂在《魯迅之死》中說：「我請魯迅至廈門大學，遭同事擺布追逐，至三易其廚，吾嘗見魯迅開罐頭在火酒爐上以火腿煮水度日，是吾失地主之誼，而魯迅對我絕無怨言是魯迅之知我。」魯迅也在致許廣平的信中說：「其所以熬著，為己只是有一個經濟問題，為人就怕我一走，玉堂立刻要被攻擊，因此有些徬徨。」

　　從 1925 年林魯相交開始，直到 1929 年這四年時間裡，光在魯迅日記裡可以查到的二人交往之事就多達八九十次。

　　然而，在 1929 年 8 月 28 日的「南雲樓風波」上，魯

迅和林語堂「因誤解而起正面的衝突」（郁達夫《回憶魯
迅》），在酒樓上「兩人對視像一對雄雞一樣，對了足足兩分
鐘」（林語堂《憶魯迅》），自此之後，兩人感情開始走下坡
路，後來雖有迴光返照，但終究分道揚鑣。

　　魯迅與林語堂的決裂表面上始於南雲樓，實則源於二人
截然不同的人生觀及鬥爭觀。魯迅對中國國民性的劣根性看
得入木三分，在他眼裡中國只有兩種人，一種是想做奴隸而
做不得，一種暫時做穩了奴隸。他對國民性中的愚昧、麻
木、怯弱、巧滑、苟安、精神勝利、自欺欺人等都無法容
忍，批判起來猶如暴風驟雨，必欲將之連根拔起而後快。

　　而林語堂儘管也對國民性中的某些方面存在不滿，但他
對國民性抱的是一種中庸的看法。在林語堂的代表作《吾國
吾民》裡，他專門闢開出一章來寫中國人的性格，諸如老成
溫厚、遇事忍耐、消極避世、超脫老猾等，許多觀點似貶實
褒，到最後他還不忘表示：我覺得中華民族的傳統勢力是如
此之強，人們的基本生活方式將永遠存在。對於傳統，林語
堂自始至終懷著一種寬容乃至欣賞的態度。

「魏晉」的魯迅與「晚明」的林語堂

魯迅、林語堂、魏晉、晚明，當這幾個詞彙組合在一起的時候，兩個五四大師和兩個中國史上最好玩的時代的組合，這本身就會讓人有一種寫作的興趣和衝動。

林語堂對於晚明的熱愛，散見於本書的一些章節，在這裡我就不再贅述了，而著重論述一下魯迅的魏晉情結。

劉半農曾贈與魯迅一副對聯：「托尼學說，魏晉文章」，魯迅「心有戚戚焉，欣然接受」。「托尼學說」是指托爾斯泰、尼采的思想，而「魏晉文章」則是指魯迅文章源頭在魏晉。

魯迅在《魏晉風度及文章與藥及酒之關係》裡首創「魏晉風度」一詞，以至於我們想起魏晉的同時往往也會條件反射般地想起「風度」一詞。這樣的風度，是阮籍的「禮豈為我輩設也」，是王子猷的「乘興而來興盡而返」，是劉伶的「天生劉伶，以酒為名」，而我覺得最有標誌性的還得算阮咸的與豬共飲。

阮咸能和叔叔阮籍並列「竹林七賢」，確有其過人之處。有一天，阮氏兄弟們在郊外集會，打開美酒盡情歡飲。阮咸嫌杯子太小不能盡興，索性換上大盆，這時不知哪裡來的幾頭豬聞到酒香而來，也把豬頭湊進盆裡。阮咸竟然不以為意，與豬們一同享受美酒，安之若素。

這使我想起了不久前一個韓裔美籍的美女藝術家在紐約舉辦了一個自拍攝影展，照片中她裸體躺在豬圈裡，任憑豬靠近甚至緊貼肌膚，想透過自拍，探索人類與動物之間相似之處，並批判人類自以為比動物優越的思想。我覺得同樣是行為藝術，這位女攝影師比起千年前的阮咸還是差遠了，豬對裸體的美女未必感興趣，在一群豬當中脫光衣服除了作秀很難讓人想起別的。而要與臭烘烘的豬共享美酒，沒有超前的意識那絕對是很難做到的。

魏晉名士們以這種「狂」的形式來對抗禮教，表達理想與現實的矛盾，追求自由精神和獨立人格，這也深深影響了魯迅，促使他寫出了《狂人日記》。而正如林語堂在晚明人物中最愛袁中郎一樣，魯迅在魏晉名士中最愛嵇康，並傾其半生時間校勘訂正了《嵇康集》。

魯迅和嵇康身上有許多共通的地方，比如都有強烈的戰鬥精神，嵇康「非湯武而薄周孔」，魯迅則批判五千年以來的吃人禮教。嵇康個性高傲，卻在《家誡》中教他的兒子做人要小心，而魯迅在遺言中同樣希望下一代不要走自己的老路。另外，兩人性格中都有剛烈和敏感的一面，為此都曾和好友因為「道不同，不相為謀」而分道揚鑣，如魯迅之於林語堂，嵇康之於山濤。這種敏感又讓他們對這個世界具備高度的洞察力。當然，兩人也有截然不同的地方，嵇康「捫虱

而談」，魯迅就未必能受得了，嵇康「口不臧否人物」，而魯迅則恰恰相反。

從某種意義上來說，魯迅和林語堂之間的對比就是魏晉與晚明之間的對比。

在魏晉名士的放蕩不羈和晚明士人醉生夢死的背後，都是對現實的不滿以及抗爭。當然，有抗爭必有犧牲，嵇康被殺前的「《廣陵散》如今絕矣」，李贄自殺前的「七十老翁何所求」都成為一個時代最悲痛的聲音。

然而，儘管魏晉的名士和晚明的士人們身上都具有強烈的抗爭精神，但其抗爭的形式卻有本質的不同。魏晉人是一種剛性的抗爭，愛憎分明，乃至於折損自己的生命而在所不惜。阮籍會做青白眼，見到喜歡之人青眼待之，見到禮俗之士則以白眼相對。鐘會拜見嵇康時，嵇康蔑視的一句「何所聞而來？何所見而去」則為自己將來被殺埋下了導火線。而晚明士人們的抗爭則是一種柔性的抗爭，他們縱情山水，流連情場，在其間忘卻塵世的煩惱，徐文長的畫，袁中郎的插花，張岱的茶道，乃至名士們與名妓們傳奇般的愛情，都是一種無聲的抗爭。

尾聲

　　魯迅和林語堂的恩怨頗似王安石和蘇東坡之間的恩怨。元豐七年（1084）七月，剛離開黃州貶所的東坡來到江寧府，會晤已經退隱八年的王安石，兩位度盡劫波的政壇宿敵終於相逢一笑泯恩仇，詩詞唱和，其樂融融。這一幕，卻始終沒有出現在魯迅和林語堂身上。1936年8月10日晚，林語堂應賽珍珠之邀舉家乘「胡佛總統號」客輪前往美國，兩個月後魯迅在上海與世長辭。至此，兩人陰陽相隔復又遠隔重洋，再無「相逢一笑泯恩仇」的機會。

十六　行雲流水的人生

《蘇東坡傳》的英文原名為「The Gay Genius」，意為「快樂的天才」，當林語堂遇到蘇東坡，兩個快樂天才的相遇碰撞出了奪目的火花。

兩個快樂天才

林語堂對蘇東坡的熱愛最早可以追溯到他在廈門的中學時期，在尋源中學讀書時他已經開始系統地閱讀蘇東坡的作品了，而這樣的熱愛還將貫穿他的一生，並與日俱增。

1936 年，林語堂赴美寫作，他不惜花費巨大的人力、物力，隨身攜帶了一百多種關於蘇東坡的研究資料，並為此忍痛割愛放棄了許多其他的珍本古籍。這些研究材料也構成了林語堂《蘇東坡傳》的主要資料來源，剩下的就是他個人的記憶了。在當時，囿於條件，林語堂不能像現代的作家一樣廣泛地查閱各種資料，他能夠寫活千年以前的蘇東坡，靠的更多的是個人對蘇東坡的拳拳之情。

《蘇東坡傳》的英文原名為「The Gay Genius：Life and Times of Su Tung-po」，意為「快樂的天才 —— 蘇東坡的生活歲月」，可見作者認為快樂到了蘇東坡這裡已經臻於化

境了。林語堂說「蘇東坡過得快樂，無所畏懼，像一陣清風一樣過了一生」，像風一樣輕快和自由，不可捉摸又永遠清新，一直行進永不停滯，這就是蘇東坡的快樂精神。

林語堂認為蘇東坡這種快樂精神來源於其元氣淋漓的生命力，「他身上有一種道德的力量，非人力所能遏制，這股力量，由他呱呱落地開始，即強有力地在他身上運行，直到死亡封閉上他的嘴，打斷了他的歡笑才停止。」（《蘇東坡傳序》）

快樂的林語堂與快樂的蘇東坡金風玉露一相逢，自然是充滿了惺惺相惜之情，所以林語堂在《蘇東坡傳》的序言一開頭便開宗明義地講道：「我寫《蘇東坡傳》並沒有什麼特別的理由，只是以此為樂而已。」林語堂對蘇東坡的喜愛簡直到了無以復加的地步，乃至於在為其作傳時竟不惜用了「曲筆」。

譬如研究蘇東坡二十餘年的學者東方龍吟就認為林語堂的《蘇東坡傳》許多地方都在臆造蘇軾的經歷。其中最典型的一件事是：蘇軾終身都在暗戀他的堂妹，為此還專程到鎮江探望她。東方龍吟認為這是林語堂對蘇東坡的誤讀，他把蘇軾兩封信裡所說到的蘇轍孫女「小二娘」和蘇軾堂妹「十二娘」混作一談。而這樣的「誤讀」居然是有意的，原因是林語堂想借蘇東坡之「酒杯」來澆自己心中的「塊壘」，寄託他對陳錦瑞的相思之情。

我覺得東方龍吟的提法很有見地，因為林語堂和蘇東坡在精神氣質上有很多相似的地方，而類似的事情蘇東坡自己

就幹過。林語堂的《蘇東坡傳》裡記載了蘇東坡 20 歲時應進士考試時做的一件荒唐事，為了論證賢君唯才是用，他竟然冒天下之大不韙在試捲上杜撰了這樣一個典故：「當堯之時，皋陶為士，將殺人。皋陶曰殺之，堯曰宥之。」當時的判官梅聖俞閱卷時雖然心存疑惑，但又不敢發問，怕因此被人嘲笑自己知識淺薄，蘇東坡遂僥倖矇混過關，高中進士。後來在一個私下的場合，梅聖俞終於逮著了一個機會，就此問題向東坡詢問，蘇東坡笑著說：「是我所杜撰罷了，堯之聖德，此言亦意料中事耳。」梅聖俞聽了，不禁目瞪口呆。

這一種「想當然」的做法，絕不應簡單地理解為狡點，而是一種陶淵明式的「不求甚解」的自然與隨意，這也是快樂天才的標籤。當前，有學者對林語堂的「錯誤」義憤填膺，專門寫了《林著宋譯蘇東坡傳質正》來駁斥此事。

行雲流水的人生

蘇東坡有一段論作文的話千年以來一直為我們所擊節讚賞，他說作文「大略如行雲流水，初無定質，但常行於所當行，常止於所不可不止，文理自然，姿態橫生」。林語堂對此也深表贊同。

其實，「行雲流水」又何止是蘇東坡的為文之道，他的為人之道何嘗不是如此？

十六　行雲流水的人生

　　蘇東坡一生於宦海浮沉，大起大落，但他始終如滴水隨浪花般跳躍，淡定自在。在黨爭激烈的國都開封，蘇東坡屢次請求外放，希望以此擺脫政治漩渦，但政治漩渦卻一再無情地將他吞噬。他曾經是錦帽貂裘的太守，也曾經是刑部大牢垂死的罪犯；他是當朝被貶距離最遠的士大夫，可是在海南島上他卻異想天開地欲「食陽光止飢」，快樂得像個小孩子；他今天還官居二品，明天卻已淪為七品之下，屢屢遭貶，卻屢貶屢赴，屢赴屢安；自歐陽修之後，他已是名滿天下的文壇領袖，可他的文章卻不時被查禁。

　　後來，蘇東坡曾經感慨萬千地概括自己的人生：「心如已灰之木，身似不繫之舟。問汝平生功業，黃州惠州儋州。」但牢騷過後，他都學會了坦然處之，不以為意，就像流水一樣，在奔行途中遇到阻礙，並不強求一定要越過，而是換個方向，繼續且歌且行，在這個途中他也漸漸大徹大悟，終於達到「也無風雨也無晴」的境界。

　　和蘇東坡一樣，林語堂的一生同樣顛沛流離。他少小離家，老大也沒有機會再回來，行蹤漂泊，走的距離比蘇東坡還遠。不過林語堂的行走更多的是一種主動的行為，這是他幸運的地方，但也造成了他的生命體驗遠不如蘇東坡深刻。林語堂的後半生大部分於美國度過，美國在很多人眼裡宛如天堂，但在中式的林語堂看來始終不是宜居之地，他待在美

國只不過是想在亂世尋找一個最適合自己的寫作之地,後來也證明了林語堂的選擇是睿智的,他一生中最重要的作品全是用英文寫作。如果沒有美國,也就不一定有今日之林語堂。

1944 年,林語堂曾一度回到重慶,但旋即又返回美國,此舉被許多人詬病,指為「懦夫」,「士可殺,不可辱」,這對一向崇尚丈夫氣節的林語堂來說簡直是難以容忍的。但他依然我行我素,後來林語堂在美國宣傳抗戰取得了巨大的效果,被國民政府授予榮譽勳章,對他的非議才漸漸平息。

如果當時林語堂選擇留在國內,只不過又多了一個愛國的典型,但很快會被人們忘記,孰得孰失,不言自明。所謂「常行於所當行」,此之謂也。而當人至晚年,臺灣的現狀也漸趨穩定並呈現出欣欣向榮之勢,臺灣政府此時又恰到好處地向他拋出橄欖枝,林語堂認為一切已經瓜熟蒂落,毫不猶豫地放棄了自己在美國半生的功業,立即捲起鋪蓋前往臺灣,這又是「常止於所不可不止」,這樣的人生當然也是行雲流水般的人生。

行雲流水式的人生最重要的特徵就是不強求,不固執,順其自然。林語堂年輕時被迫與至愛之人陳錦端分離,他既沒有借酒消愁,更沒有為愛跳樓,而後在與陳錦端截然不同的廖翠鳳相處時,他照樣其樂融融。

也無風雨也無晴

「蘇東坡是個秉性難改的樂天派，是悲天憫人的道德家，是黎民百姓的好朋友，是散文作家，是新派的畫家，是偉大的書法家，是釀酒的實驗者，是工程師，是假道學的反對派，是瑜伽術的修練者，是佛教徒，是士大夫，是皇帝的祕書，是飲酒成癖者，是心腸慈悲的法官，是政治上的堅持己見者，是月下的漫步者，是詩人，是生性詼諧愛開玩笑的人。」

林語堂在《蘇東坡傳》的序言中一下子給蘇東坡戴了一二十頂的帽子，而這段話的精華在於其以「秉性難改的樂天派」開頭，以「生性詼諧愛開玩笑的人」收尾，它最終聚焦於東坡的曠達與樂觀的品質上，這也是蘇東坡帶給後人最寶貴的精神財富。

蘇東坡被貶至海南島的時候，當地缺醫少藥，他卻寫信告訴朋友說：「每念京師無數人喪生於醫師之手，予頗自慶幸。」如果依此類推，我們有太多的事情值得慶幸了：沒錢買房，不用當房奴；沒錢買車，不用擔心油價高漲；老婆長得醜，不用擔心她有外遇；孩子學習成績不好 —— 這一點蘇東坡已經替我們解答了，他在 50 歲時老來得子，回顧自己坎坷的一生，寫了一首《洗兒戲作》：「人皆養子望聰明，我被聰明誤一生。唯願孩兒愚且魯，無災無難到公卿。」當我們

為瘋漲的肉價菜價而苦惱時，或因升職的壓力而焦慮時，不妨看看林語堂的《蘇東坡傳》，它的確是一劑療傷的良藥。

林語堂曾經提出了一個作家間的「靈魂轉世」說，他說：「蘇東坡乃是莊周或陶淵明轉世，袁中郎乃是蘇東坡轉世。」如果蘇東坡在現代還能繼續轉世，那麼承接他的靈魂的非林語堂莫屬。世上的傳記何其多，而好的傳記又何其少，蓋因作者與傳記主角的氣質品性相差甚遠，未能達到心有靈犀的境界。從這一點來看，蘇東坡和林語堂都是幸運的，而作為讀者的我們，則更為幸運。

最後，以最能體現蘇東坡曠達精神的《定風波》為本文作結：

> 莫聽穿林打葉聲，何妨吟嘯且徐行。竹杖芒鞋輕勝馬，誰怕？一簑煙雨任平生。料峭春風吹酒醒，微冷，山頭斜照卻相迎。回首向來蕭瑟處，歸去，也無風雨也無晴。

十七　君子之交

就像林語堂說的，人品比文品要重要得多。看看五四大師們
光風霽月的交往故事，藉機也可以為自己的靈魂洗滌一番。

無私的援助

　　1919 年，林語堂攜新婚不久的妻子廖翠鳳，從清華申請
到半官費前往美國哈佛大學留學。林語堂家境貧窮，自尊心
很強的他又不願意向富有的岳父伸手，因此這一份半官費是
林語堂求學和養家餬口的基本保證。

　　怎料留學途中風雲突變，在哈佛唸完一學期後，林語堂
的助學金突然被取消了。原來是清華在美國的監督施秉元挪
用留學生的津貼炒股，結果虧得血本無歸，羞愧之下上吊自
殺了！清華大學秉著家醜不可外揚的原則對這件事選擇了冷
處理，最後留學生們只能吃啞巴虧。

　　失去了生活來源，林語堂一度窮得要當褲子，情急之下
他想起了胡適。胡適很欣賞林語堂，在其出國前曾許諾，將
來林語堂學成回國如果能去北大教書，北大願意資助他另一
半的留學費用。萬般無奈之下，林語堂抱著一種死馬當活馬
醫的態度發了封電報給胡適……沒想到，奇蹟真的出現了，

沒過幾天，胡適就匯來了 1,000 美元，解了林語堂的燃眉之急。後來，在德國萊比錫大學攻讀語言學博士時，林語堂又向胡適借了 1,000 美元。

林語堂學成歸國後，履行自己的約定來到了北大，他到北大的第一件事就是要找到胡適向他當面表達謝意並歸還借款。怎料胡適南下養病，林語堂只好找到當時任北大教務長的蔣夢麟，欲將兩千美金交與他。蔣夢麟莫名其妙，向北大的財務查詢，結果並無這一項支出。幾天後，蔣夢麟告訴林語堂，那完全是胡適自掏腰包的，與北大無關。林語堂聞言感動至極，這筆錢如果放在現在，至少是上百萬臺幣的巨額數目，試問有幾人能如此慷慨？

這段故事直到胡適去世後才被林語堂公開。林語堂晚年回臺灣陽明山定居，有一次專程去拜祭胡適之墓，並淚流滿面地向朋友講述了胡適當年慷慨解囊的這個故事。

其實，胡適的仗義是出了名的，《水滸》中宋江的外號「及時雨」用在胡適身上也不為過，還好他只是一介文人，而不是宋江這樣的野心家，這才沒有給天下添亂。

胡適不僅資助後進，就連販夫走卒，也常常得到他的恩惠。在任中央研究院院長期間，胡適與一位熱心學習的小販成為朋友，當得知他患鼻癌時，胡適寫信給當時的臺大醫院院長：「這是我的好朋友，一切治療費由我負擔。」

更難能可貴的是，胡適從來沒有想過要回自己借出的錢。胡適曾借給青年學子陳之藩一張 400 美金的支票，資助他去美國留學。後來，陳之藩匯款還錢給胡適，並寫信致謝。胡適回信說：「之藩兄，謝謝你的來信和匯票。其實你不必這樣急於還此 400 元。我借出的錢，從來不盼望收回，因為我知道我借出的錢總是『一本萬利』，永遠有利息在人間。」陳之藩回憶說：「每讀這封信時，並不落淚，而是想洗個澡。因為我從來沒有過這種澄明的見解與這樣廣闊的心胸。」

君子坦蕩蕩

魯迅去世後，葉公超把魯迅的所有作品重讀了一遍，逢人便讚揚說：「我讀魯迅的雜文，一方面感到他的文字好，同時又感到他所『瞄準』的對象實在不值得一顆子彈。罵他的人和被他罵的人實在沒有一個在任何方面可以與他相提並論。」胡適聽後，責怪葉公超道：「魯迅生前恐怕連口痰都不會吐在你頭上，你為什麼這麼追捧他？」葉公超答道：「人歸人，文章歸文章，我們不能因人而否定其成就。」

葉公超與魯迅分屬兩個對立的陣營，但他卻對魯迅的文章讚賞有加，這種對事不對人的君子之風實在難能可貴。胡適不一定苟同葉公超的觀點，但是對他的這種品格想必也是欣賞的，因為胡適本身就是這樣一個襟懷坦蕩蕩的君子。

林語堂留學歸國後執教北大，發現此時的北大教授分為兩派，一派以周氏兄弟為首，一派以胡適為代表。然而，儘管林語堂深知胡適對自己恩重如山，他卻出人意料地站到了魯迅旗下，加入魯迅領導的「語絲社」。林語堂不是一個薄情寡義之人，相反他對知恩圖報看得很重，他這樣做純粹是為了柏拉圖「吾愛吾師，吾更愛真理」的精神，至少魯迅在當時的林語堂看來更接近真理。

胡適顯然並不以林語堂這一帶有「背叛」性質的舉動為意，在胡適去世後，林語堂曾撰文將其與魯迅對比：「在人格上，適之是淡泊名利的一個人，有孔子最可愛的『溫溫無所試』可以仕、可以不仕的風度。魯迅政治氣味甚濃，脫不了領袖慾。適之不在乎青年之崇拜，魯迅卻非做得給青年崇拜不可。」我們暫且不論其觀點是否有失偏頗，但明顯可以看出他對胡適這種「不在乎」精神的感激涕零之情。

如果不是胡適具備這種「不在乎」精神，1932 年的事件恐怕十有八九要導致林語堂和胡適的決裂，就像林語堂和魯迅一樣。

1932 年 12 月 17 日，以宋慶齡、蔡元培為首的中國民權保障同盟在上海成立，林語堂任宣傳主任。同盟的最主要的宗旨是支援為爭取結社、言論、出版、自由等民主權利而進行的抗爭，而首當其衝的任務是援助那些關押在監獄中的政治犯。

　　不料，此時身為民權同盟北京分會主席的胡適居然於報上刊載了《民權的保障》一文，反對同盟《會章》中「釋放政治犯」的要求。同時，胡適還在《字林西報》發表談話，表示「民權保障同盟不應當提出無區別地釋放一切政治犯，免於法律制裁的要求」。

　　宋慶齡聞之後異常生氣，電告胡適應遵守會章。蔡元培也拍電報給胡適相勸。然而胡適卻對眾人的勸告置罔聞。最後，民權保障同盟被迫召開會議，討論開除胡適的會籍。與會的林語堂，在友誼和原則之間，毫不猶豫地選擇了後者，投了贊成票。

題外話：「瘋子」與君子

　　孔子說：「君子周而不比，小人比而不周。」真正的君子以公正之心對待天下眾人，沒有預定的成見及私心。每想五四，常為大師們之間光風霽月的交往故事所感動。

　　民國時期的國學大師中，章太炎、黃侃、劉師培以其性情桀驁不馴，不拘小節和特立獨行被時人稱為「三瘋子」，其中黃侃更是以其脾氣大、做事不按常規出牌為世人所側目。

　　黃侃年輕時曾拜訪一代經學大師王闓運，王對黃侃的詩文讚賞有加，誇讚道：「你年方弱冠就已文采斐然，我兒子與你年紀相當，卻還一竅不通，真是鈍犬啊。」常人要是聽到

前輩如此誇讚都得感激涕零，黃侃卻狂性不改：「你老先生尚且不通，更何況你的兒子。」

王闓運並未因此責怪黃侃，反而認為黃侃是個可塑之才，在他的薦舉下，黃闓被選去日本求學，這才有了後來他因為一泡尿拜章太炎為師的故事。

三個「瘋子」卓爾不群，但彼此之間卻交情深厚，三人經常在一起談學論道，惺惺相惜。不過，這只是在學術上，遇到大是大非的問題照樣會出現分歧。

劉師培曾為「籌安會」六君子之一。1915 年，劉師培召集北京學術界的名士開會，希望眾人能支持袁世凱登基稱帝。與會之人一則擔心袁世凱的報復，一則礙於劉師培的情面，無人率先表態。黃侃卻在劉師培說完之後，拔地而起，語氣激昂，一點都不顧二人至交之情：「如是，請劉先生一身任之。」說罷拂袖而去，眾人也趁機溜之大吉。

但到了私下場合，兩人照樣往來密切，好像這事根本就沒有發生一樣。劉師培病重的時候，感嘆自己的學術後繼無人，黃侃問他什麼樣的學生才能得他的意，劉拍著黃侃的肩頭說：「我的學生若能像你這樣，死而無恨。」黃侃一聽當即答應做劉的弟子。第二天，黃侃就用紅紙封了十塊大洋，到劉宅行了隆重的叩頭拜師之禮，劉師培也坦然受之。

此事章太炎可不太樂意了，他倒不是執門戶之見，而是

覺得劉師培年紀與黃侃相若，在教學、文辭方面還不如黃侃，黃侃有點虧了。不過黃侃可不這樣想，他常對人說：「余於經學，得之劉先生者為多。」

這樣的故事可以說是五四大師交往的一個縮影，大師已去，風骨與精神長存。黃侃的很多趣事其實都來自於胡適的日記，黃侃是胡適生命中罵其罵得最厲害的人之一，胡適當時或有不快，但事後並不為意，反而將黃侃罵他的故事作為點綴寫入日記中聊以自遣，雨果說：「比海洋更遼闊的是人的胸懷。」此之謂也。

十八　本色袁中郎

在《煙屑》中，林語堂記述了自己初次邂逅袁宏道時的情形：
「其實我看袁中郎，原是一部四元買來的不全本。一夜床上
看尺牘，驚喜欲狂，逢人便說，不但對妻要說，凡房中人甚
至傭人，亦幾乎有不得不向之說說之勢。」這幾乎是幾百年
前，袁宏道初次邂逅徐文長的翻版。

袁宏道究竟有什麼魔力，能讓林語堂如此著迷？

古今無不同

　　袁宏道，字中郎，西元 1568 年誕生於今湖北公安縣，這
一年距離萬曆皇帝登基還有四年。清代史學家孟森曾說明朝
表面上亡於崇禎，實際上亡於萬曆。而歷史學家黃仁宇更是
確切地把西元 1587 年，即萬曆十五年解讀為明朝走向末路的
元年。這一年袁宏道剛剛虛歲二十，古人稱之為「弱冠」之
年，也就是說袁宏道剛剛走向了成年，明朝就走向了老年。

　　晚明有一個奇怪的文化現象，以張岱為代表的晚明文人
喜歡給自己作墓誌銘，正如以韓愈為代表的唐朝文人喜歡為
別人作墓誌銘一樣。究其原因，在於晚明士人對於生命的悲
劇意識有著強烈的認同感，這也不可避免地降臨到袁宏道身

上，在給友人的信中他寫道：「人生幻漚，安得非空。」這八個字讓我們彷彿看到了一種血色黃昏的情景。

如果說，年輕的袁宏道身處一個末世，那麼年輕的林語堂則身處一個亂世，這樣的環境使得林語堂對袁宏道的生命悲劇意識感同身受，他在《論不免一死》一文中這樣形象地描寫生命：「我們正如划船在一個落日餘暉返照的明朗下午，沿著河划去；花不常好，月不常圓，人類生命也隨著在動植物界的行列中永久向前走，出生、長成、死亡，把空位又讓給別人。」

而「死亡情結」也散落在林語堂的作品中，當林語堂筆下的人物往往有點鬱悶，因為你常常要做好在不知不覺中死去的準備。

上帝要讓一個人滅亡，必先使其瘋狂。正如一個感覺自身快要到末日的人，代表著帝國脊梁的士人們在晚明集體陷入一種酒神式的狂歡當中。1584 年，來自義大利的傳教士利瑪竇在給朋友的信中，不解地提到中國的士人們似乎從來不願將自己的聰明才智用於工作，而只是樂於把時間浪費在彼此交遊，相互宴請和飲酒作樂中去。

而袁宏道則把這種狂歡上升到理論的高度，他在《喜禪問答》中寫道：「生如死，死亦如生。所以出生，即所以出死。此所以並欲無生，無生正是所以無死。一念無生死，即

萬劫無生死。此釋氏所謂可以敵無常，超生死者也。孔子所謂朝聞道夕可死者也。夕可死矣者，言其聞道後陶次然也。」參透了生與死的真詩後，袁宏道表現出了一種佛家所說的「看破，自在，放下」的覺悟以及莊子的「逍遙遊」精神，這也直接促使他成為一個典型的享樂主義者。

西元 1595 年，28 歲的袁宏道在給舅舅的信中列出了世間最快活的幾件事：看遍世間的美色，聽遍世上的樂曲，嘗遍世間的美味，每日大宴賓客，男女混雜，相互嬉鬧，千金買舟，帶上鼓樂妓妾，浮遊湖海……

這封信，成了晚明享樂主義的宣言書。

同樣的，林語堂也很快把生死的沉重化為輕靈，他說：「大概世事看得擺脫的人，觀覽萬象，總覺得人生太狡猾，不覺失聲而笑。」（《會心的微笑》）為此，他還舉了莎士比亞為亞歷山大寫詩的例子：

> 能見到死亡的人，也能見到人類喜劇的意識，於是他即很迅速地變成詩人了。莎士比亞寫哈姆雷特尋找亞力山大大帝的高貴殘骸遺灰，「後來他發現這灰土也被人家拿去塞一個啤酒桶的漏洞」，「亞力山大死了，亞力山大葬了，亞力山大變成塵土了，我們拿塵土來做黏土，為什麼不可以去塞一個啤酒桶的漏洞呢？」莎士比亞寫這段文字時，已經變成了一個深刻的詩人了。

本色之美

　　既然不能活得永恆，那就活得有趣。袁中郎如是說：「世人所難得者唯趣，趣如山上之色，水中之味，花中之光，女中之態，雖善說者不能下一語，唯會心者知之。」（《敘陳正甫會心集》）

　　林語堂亦如是說：「我想這趣字最好，一面是關於啟發心智的事。無論琴棋書畫，都是在乎妙發靈機的作用，由矇昧無知，變為知趣的人，而且不大容易出毛病，不像上舉的四端。人有人趣，物有物趣，自然景物有天趣。顧凝遠論畫，就是以天趣、物趣、人趣包括一切。能夠瀟灑出群，靜觀宇宙人生，知趣了，可以畫畫。名、利、色、權，都可以把人弄得神魂不定。只這趣字，是有益身心的。」（《論趣》）

　　而袁宏道對林語堂最為深刻的影響，莫過於其為人與為文所體現出來的那種「本色之美」。林語堂說：「袁中郎、李卓吾、徐文長、金聖嘆等提倡本色之美。」「吾深信此本色之美。蓋做作之美，最高不過工品，妙品，而本色之美，佳者便是神品，化品，與天地爭衡，絕無斧鑿痕跡。」（林語堂：《說本色之美》）

　　這種本色之美，源自李贄的「童心說」，小孩子所說的話所做的事往往是出於其本性，然而隨著年齡和閱歷的增長這種本性往往與日俱減，就像林語堂說的：「人生在世，人事越

長，心思計慮越繁，反乎自然的行為越多，而臉皮越厚。」這又是林語堂到老仍然喜歡與孩童為伍的原因，因為跟小孩子在一起你的心靈永遠是那麼澄澈明淨。

蘇東坡有一天靈感突發，作了一首詩：「稽首天中天，毫光照大千，八風吹不動，端坐紫金蓮。」詩成之後東坡越看越得意，差書僮乘船從江北送到江南，拿到金山寺呈給好友佛印禪師觀賞。佛印看完，二話不說，在上面批了「放屁」二字，讓書僮帶回。東坡一見，怒不可遏，立即乘船找佛印理論，當面質問他：「你不賞臉也就罷了，如何羞辱於我？」說著拿出了寫有「放屁」二字的詩來。佛印笑道：「你不是自稱『八風吹不動』嗎？怎麼一個屁就把你打過江了呢？」東坡頓時慚愧不已。

這個故事我們在笑過之後不妨反過來思考，如果蘇東坡真的修練到「八風吹不動」的地步，那我們還會這麼喜歡他嗎？記得幾年前王朔罵金庸的時候，金庸也搬出了這個「八風吹不動」的理論來表示自己的大度，其實作為一個「大俠」，我倒更希望金庸不要如此沉穩和世故。金庸在筆下創造了那麼多個性鮮明的大俠，給了我們無盡的享受，但在做人方面有點太冷靜，說話顧忌太多，遠不及熱愛女人和酒的古龍給人的感覺痛快，這不能不說是個遺憾。

太陽有幸

在我看過的人物當中，國學大師黃侃無疑是最本色的一個。

黃侃如金庸筆下的洪七公，嗜美食如命，他只要得知有某物自己未曾品嘗，一定會千方百計弄到，以飽口福，為此不計個人形象。有一次，黃侃聽說一群同盟會會員在某處聚會，有某名廚坐鎮，黃侃一聽口水直流。儘管這幾個人素為黃侃所不喜，黃侃還曾罵過他們，但在饞蟲的驅使下他還是不請自來了。幾人乍見黃侃，嚇了一跳，但看到他如此「賞臉」，又受寵若驚，急忙大獻殷勤。黃侃二話不說，脫鞋就坐，專挑桌上好東西吃。酒足飯飽之後，黃侃穿上鞋子，抹了一下嘴，走到門口，突然回頭對在座諸人喊了句：「好你們一群王八蛋！」說完一溜煙地跑了，剩下坐上幾人在那裡傻眼。

好吃是黃侃的本色，憎惡自己不喜歡的人也是本色，但很少見到有人能把這兩者結合得如此完美的。

未能與黃侃相會，一定是林語堂心中的一大遺憾。慶幸的是，林語堂生命中也結識過不少本色之人，比如大文豪蕭伯納。蕭伯納訪華時上海在連續陰雨後難得放晴，接待他的林語堂等人恭維他：「您真有幸，在上海看到了太陽。」蕭翁卻不以為然，說：「不，是太陽有幸，在上海看到了蕭伯納。」

這樣的蕭伯納使林語堂大為傾倒，他讚美蕭伯納這是本色精神。蕭翁的幽默也感染了林語堂，使他明白了其名言：「我的方法，是用最大的苦心去追求應當說的話，然後用最放肆的語氣說出來。其實，真正的笑話，就是我並非說笑話。」原來，幽默並不是刻意為之的，該說什麼話就說什麼話，這才是真正的幽默。

對本色之美的崇尚，甚至影響了林語堂的判斷標準。狗肉將軍張宗昌窮凶極惡，山東人民對他深惡痛絕。張宗昌後來死於刺客之手，死之後連個替他收屍的人都沒有，林語堂卻冒天下之大不韙，寫了《悼狗肉將軍》來悼念他。這篇文章我們或許可以從反諷的角度來解讀，背後有其深意，但字裡行間表達出來的對張宗昌「英雄」本色的欣賞以及對同時代政客們虛偽嘴臉的厭惡卻是無法掩飾的。

這種文章也只有林語堂這類人才寫得出。

十九　玉和珍珠

林語堂，這個名字另外一個寫法是「林玉堂」，而「玉」和珍珠的區別，看起來也正是林語堂和賽珍珠的差異。

二十餘載的恩怨

賽珍珠和林語堂，一個是因為寫中國而獲得諾貝爾文學獎，一個是第一個被提名諾貝爾文學獎的中國人；一個是美國人中的中國通，在中國生長了三十餘載，一個是中國人中的美國通，在美國居住了三十餘載；賽珍珠一生最重要的作品均與中國有關，而林語堂一生最重要的作品均為英文寫就，兩人一生都致力於東西文化的交流，又都在同樣的歲數——81歲逝去。冥冥之中，兩人之間似乎存在著某種、神祕的連繫，就像蔣中正與宋美齡的「中美結合」一樣，或許這就是一種緣分吧。

賽珍珠與林語堂的相遇可以說是心有靈犀，當時賽珍珠正在苦苦尋找一個同時精通英文和中國文化的人來給西方人寫一本介紹中國的書籍。中國作家中兼通這兩者的當時為數不多，即或有之，也都是孔子所說的「扣其兩端而問之」，要麼像辜鴻銘一樣徹底背棄西方文化，要麼像錢玄同一樣主

張全盤西化，因此理想的人選真是一將難求。正好，此時的林語堂也準備寫一本關於中國的書向西方人傳輸自己的中國情感。於是，兩人的相遇就成了歷史的選擇，注定要成就一段佳話。

1933 年的某一個晚上，賽珍珠應邀來到林語堂家裡做客。這一次兩人的相逢，直接促使了林語堂的傑作《吾國與吾民》的誕生，也成就了林語堂「兩腳踏東西文化」的人生。從此，林語堂連續用英語寫作，一發不可收拾。

此後，林語堂應賽珍珠之邀來到美國，專門從事文化輸出的工作，其書都由賽氏夫妻的出版社出版。在賽珍珠的幫助下，林語堂又寫出了更為轟動的《生活的藝術》一書，此書於 1937 年在美國出版後，連續 52 週位居美國暢銷書排行榜榜首，也奠定了林語堂的大師地位。

這段時間是林語堂與賽珍珠交往的「蜜月」時期，除了自己的妻子之外，賽珍珠也堪稱林語堂一生中關係最重要最親密的一位女性。林語堂的功績上有賽珍珠的一半，而林語堂的成功也給賽氏帶來了巨大的經濟利益，兩人在一起是一個完美的雙贏組合。

兩人這種友誼，一直持續到林語堂為發明中文打字機破產之後。

林語堂為了發明中文打字機，將自己的畢生積蓄揮之一空，還欠下了一屁股債。無奈之下，林語堂只好向自己的好

友賽珍珠求救，本想憑著兩人的交情，賽珍珠拿出個三五萬一點問題都沒有。沒想到賽珍珠竟然一口回絕了他，這使林語堂受到了極大的刺激。

接著，林語堂又探聽到了一個「噩耗」，讓他覺得自己在與賽氏夫婦多年的合作中吃了啞巴虧。原來，美國一般出版社付 10% 的版稅，而賽氏夫婦出版林語堂的書卻付 5% 的版稅，並且版權還不屬於林語堂，而是仍屬公司所有。林語堂於憤慨中恍然大悟，原來，賽珍珠開出版社也是為了賺錢的。為此，林語堂委託律師向賽珍珠要回所有著作的版權，賽珍珠聞知消息感到非常吃驚，打電話給林語堂的女兒林太乙，問她的爸爸是不是發瘋了？雙方為此差點對簿公堂，後來經過中間人調解，賽氏夫婦才把版權還給了林語堂。

四海之內皆兄弟

當往事如煙散去，一切都已塵埃落定。而我們作為旁觀者坐下來慢慢品味和咀嚼歷史的時候，往往別有一番風味。林語堂和賽珍珠的恩怨，有人說從根本上說是中美兩國文化的差異。而我覺得，在這其中，兩人的性格因素也造成了關鍵的作用。

賽珍珠把中國四大名著之一的《水滸傳》譯為《四海之內皆兄弟》推向了西方世界，並獲得了巨大的成功。這一書名取自《論語》中的一句話「四海之內，皆兄弟也」，屬於

賽珍珠的個人靈感。但魯迅對此提出了非議,他認為「山泊中人,是並不將一切人都作兄弟看的」。

魯迅的眼光犀利異常,他的言語更是一針見血。梁山好漢如果將四海之人都當作兄弟,那麼他們只能餓死。再進一步,即使是梁山好漢內部,也未必個個都是兄弟,書中反映出來的內部矛盾仍然很突出,他們最多只能算是同志罷了。

我覺得這並非是賽珍珠將梁山泊理想化了,而是她未能正確地理解中國的「兄弟」一詞。在中國,兄弟意味著可以為對方兩肋插刀,而不顧及自身的得失與安危。兄弟之情在很多時候甚至要凌駕於夫妻之情上,劉備就曾說過:「兄弟如手足,女人如衣服。」

這一點,深諳中國文化的林語堂認識的要比賽珍珠深刻得多。所以,當林語堂破產之時向賽珍珠伸出求救之手時,他一定帶著濃厚而又悲壯的兄弟情結。然而,出乎他的意料,與他相交二十多年的「兄弟」竟然會置他的安危於不顧,這在中國的文化中是難以想像的。

但我們如果細究賽珍珠的生平,就很容易對這件事情作出一個合理的解釋。

賽珍珠年輕時受聘於美國教會所辦的金陵大學外語系,作為一個教會大學的老師,在教授本專業的同時教授宗教課是一個重要而又神聖的任務。然而,賽珍珠竟然辭去了宗教課的教職,對此眾人深表惋惜。賽珍珠卻不以為意,她說那

十九　玉和珍珠

些「喋喋不休的布道」只會「扼殺思想，蠱惑人心，在中國
教會裡製造出一批偽君子」。她認為，「空談無益，基督徒應
該給中國人提供實實在在的服務，譬如教育、醫療和衛生」。

　　從中我們也可以看出，賽珍珠是一個典型的實用主義
者。賽珍珠幫林語堂出書，對於雙方是一種互惠互利的行
為。而林語堂發明的打字機，在賽珍珠看來可能只是一個浮
誇之物，沒有任何前途可言，作為一個投資者賽珍珠毅然拒
絕了林語堂，這在她看來是一種理性的行為，毫無過錯。當
然，林語堂的打字機確實也沒有產生過一點效益。

　　其實，賽珍珠除了寫書，她人生的另外一項重大事業就
是慈善，她並不是我們想像中的那種見利忘義者。

　　這件事情之所以發展到最後無可收拾，跟兩人率性的性
格不無關係。作為賽珍珠來說，她認為借錢給林語堂研究中
文打字機不過是一件損己且不利人的事情，拒絕是天經地義
的。想法簡單的她甚至沒曾想過要給好友一個委婉的解釋，
至少讓他有個臺階下。當然，這可能也是美國人一貫的作風。

　　而林語堂最後的清算賽珍珠，更像是一種尊嚴受到挑戰
後所作的自衛反擊。林語堂早年在上海就曾為版稅打過官
司，相信有這樣的經驗，再加上以他對出版行業的了解，賽
珍珠所給的版稅即使苛刻也是在合理的範疇內的，否則林語
堂豈能隱忍二十多年？從賽珍珠當時吃驚的反應來看，這件
事確實存在著讓她無法理解的地方。

玉和珍珠

　　林語堂，這個名字另外一個寫法是「林玉堂」，我們的老祖宗喜歡用玉來比喻人的德性，所以孔子說：「君子比德於玉。」《詩經》上也有「言念君子，溫其如玉」的話，意即經常談論君子，溫和得像玉一樣，於是「溫潤如玉」成了君子的標誌。玉的美是一種天賦的自然之美，是由內向外慢慢透射的蘊藏深厚、柔和含蓄、魅力無窮的美，因此，玉能產生一種特殊的審美理念，其外表溫和柔軟，本質卻堅剛無限。

　　賽珍珠，這個名字很容易讓人想起中國晚清的一個名妓——賽金花。

　　雖然賽珍珠肯定知道賽金花，然而這兩個名字之間其實並無實質的聯繫，賽珍珠的英文名 Pearl 本身就是珍珠的意思，這個英文詞彙源於拉丁語 Pernnla，意為「海之驕子」。珍珠在東西方文化中都象徵著權勢和財富，世界上最好的珍珠一定是在王者的皇冠之上，令人只能仰望而無法過分靠近。

　　個層面上，我們也可以解析一下林語堂與賽珍珠之間的恩怨。林語堂與賽珍珠交往，是基於一種中國傳統道德的理念，講究的是「君子喻於義，小人喻於利」。但他沒有想到骨子裡還是美國人的賽珍珠思想認識還沒有上升到「君子」

的高度，做不到他想像中的「己所不欲，勿施於人」，結果吃了個閉門羹。

　　而對於賽珍珠來說，作為諾貝爾文學獎的獲得者，她覺得靠著自己的名譽和聲望把林語堂推向了世界，使他名利雙收，已經是對他最大的恩賜，自己無愧於他，因此她也無法理解林語堂竟然會以怨報德。

　　另外，玉產於山上，而珍珠來自水裡。中國人向來有「仁者樂山，智者樂水」的說法，把山作為仁德的象徵，而把水作為一種智慧的象徵。所以，我們不妨也把林語堂與賽珍珠之爭看作「仁」與「智」之爭，或者感性與理性之爭。立場不同，看問題的角度自然不一樣。孰是孰非，不妨付之一笑。

二十　女性崇拜者

> 莎士比亞說：「女人啊，你的名字是弱者。」這句話幸好不是在林語堂面前說的，否則林語堂一定要拿菸斗敲破他的頭，因為，林語堂是這個世界上最堅定的女性崇拜者之一。

戀母情結

林語堂最初的女性崇拜意識應該是來自一種孩子對母親的本能與天然的崇拜，西方的精神分析者稱之為戀母情結。

林語堂的戀母情結較一般孩子還要嚴重，在結婚前的頭一天晚上，林語堂還請求與母親同床，因為他意識到今後再也不能與母親同床睡覺了。小時候，他習慣玩母親乳房，直到 10 歲才改掉這個毛病。而林語堂後來在寫《蘇東坡傳》的時候，我們也可以很明顯的看出作者把蘇東坡塑造成一個具有戀母情結的人。

林語堂的母親名叫楊順命，人如其名，順天從命，儘管生活困苦，但從來不怨天尤人，任勞任怨地撫養著自己的 8 個子女。林語堂說：「母親是有 8 個孩子的兒媳婦，到晚上總是累得精疲力盡，兩只腳邁門檻都覺得費勁。但是她給我們慈愛，天高地厚般的慈愛，可是子女對她也是同樣感德報

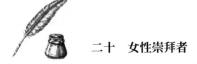

恩。」母親從來不懷疑自己的孩子，林語堂每每編一些荒唐的故事來揶揄母親，她總是深信不疑，等到孩子說出真相，她才恍然大悟，笑道：「根本沒有這種事。你們說來逗我樂的。」母愛的偉大與清澈明淨都深深地感染了林語堂，進而影響了他的一生。

　　林語堂的二姐在他的生命中是另外一個具有母性特質的女人。二姐美麗、善良，愛看中外小說，對生活充滿美好的理想和追求。然而不幸的是，在二姐中學畢業後，功課很好的她卻沒有機會進一步上大學，因為貧困的林家負擔不了昂貴的學費，為了弟弟的前途她必須做出犧牲。在經過苦苦的掙扎之後，二姐放棄了上學的願望，接受了家裡為她做出的嫁人的安排，她結婚的那一年也正是林語堂上聖約翰大學的那年。

　　婚禮的前一天，二姐把林語堂叫到身邊，從口袋裡拿出四毛錢，對他說：「和樂，你要去上大學了。不要糟塌了這個好機會。要做個好人，做個有用的人，做個有名氣的人。這是姐姐對你的願望。」這句話讓林語堂感激涕零，終其一生都深深記在心裡，他認為自己的第二次生命是二姐給的，他說：「我青年時代所流的眼淚，多是為二姐而流的。」

　　第二年林語堂回到故鄉時，二姐卻因患上瘟疫亡故，肚裡還帶著 8 個月的身孕。這件事讓林語堂印象深刻，永生不

能忘記，直到晚年他還常常老淚橫流地向家人和朋友提起自己的二姐。

事實上，林語堂從未長大，直到老年他都把自己當成一個小孩子。他的女兒們叫廖翠鳳媽媽的時候，他也跟著一起叫。他還常常帶著欽佩的眼光看著自己的妻子做家務，認為她是世界上最好的賢妻良母。

有趣的是，在林語堂出生的閩南，重男輕女和大男子主義的現象在中國可以說是罕有其匹的，然而這個地方同時也是最為崇拜女性的地區，這從媽祖在這裡受到的頂禮膜拜就可以看出。

人們崇拜媽祖的原因在於其以母性一般的自我犧牲精神給世人帶來了繁衍生息的希望，這恰恰就是一個孩子對母親的崇拜。

女性與反功利

金庸曾經宣稱自己崇拜女性，因為男人一生都要講事業、講名氣、講地位，而女性更講究功名利祿之外的東西。從反功利的角度，或許我們可以進一步解釋林語堂的女性崇拜現象。

《浮生六記》是林語堂極其喜愛的一本書，林語堂為了將其翻譯成英文介紹給西方讀者曾經幾易其稿，用心之深可

見一斑。書中的女主角陳藝被林語堂視為中國理想女性的代表，讚美她是「中國文學史上最可愛的女人」。陳藝的夫君沈復一生落拓，沒有功名，家道潦倒，常常要靠友人的接濟才能為生，但陳藝卻從未因此責怪他，一起和他將粗茶淡飯的日子過得有滋有味，她的話「布衣菜飯，可樂終身」顯示了超乎功利的女性情懷，讓林語堂為之感慨不已。

陳藝還是個心靈手巧的女人，一件生活中平常的小事經過她的巧思之後往往可以成為藝術，「藝善不費之烹庖，瓜蔬魚蝦，一經藝手，便有意外味」「夏月荷花初開時，晚含而曉放，藝用小囊撮茶葉少許，置花心。明早取出，烹天泉水泡之，香韻尤絕」這樣的記載在書中比比皆是。她時而痴情，時而曠達，時而認真，時而調皮，但從未以世俗的功名利祿加之於夫君，這樣的女子，難怪林語堂會對之異常地傾慕。

明末的名妓李香君是林語堂崇拜的另外一個古代女子，林語堂談到自己的願望時其中有一條是：「我要一套好藏書，幾本明人小品，壁上一幀李香君畫像讓我供奉……」後來他還真的重金購得了一幅李香君的畫像，懸掛於書房，每日焚香禮拜，且一生轉輾不離左右，喜愛程度堪比胡適之於《紅樓夢甲戌本》。林語堂還在畫像旁題了一首「歪詩」：「香君一個娘子，血染桃花扇子。義氣照耀千古，羞煞鬚眉男子。香君一個娘子，性格是個蠻子。懸在齋中壁上，叫我知所觀

止。如今這個天下，誰復是個蠻子？大家朝秦暮楚，成個什麼樣子？當今這個天下，都是販子騙子。我思古代美人，不至出甚亂子。」可見他對香君的虔誠。

在皇家的權杖之下，明朝的士大夫成為歷朝歷代最沒有骨氣的一群，八旗的鐵騎一到，像錢謙益那樣象徵性地跳一下水的都沒有幾個。而與此同時，名妓們所表現出來的骨氣卻足以光耀千古。其中李香君忠於愛情，寧死不屈，以頭撞柱，血染桃花扇更是成為千古佳話。我想，林語堂對李香君的喜愛不僅僅出於其丈夫氣，其有別於一群蠅營狗苟的男人而表現出來的忠貞與純潔亦是不容忽視的原因。當前腳還在窩裡鬥的明朝官員們後腳搖身一變，頭上竟然頂著清朝的官帽時，我們也就不難理解林語堂所謂的女人來接管這個世界才能天下太平的道理了。

由王子結婚想到的

2011 年 4 月 29 日，英國的威廉王子和凱特密道頓舉行了一場舉世矚目的婚禮，只可惜這場婚禮威廉王子的母親戴安娜王妃已經無法親眼目睹了，取代她的位置的是一個叫卡蜜拉的又老又醜的女人。

與美麗時尚的戴安娜王妃相比，卡蜜拉相貌平平、衣著樸素，以至於英國媒體刻薄地說，卡蜜拉總像起床沒梳洗就出

門。對於這個看起來沒有任何出眾地方的女人，竟然能夠從風華絕代的戴安娜王妃那裡將查爾斯搶奪過來，大多數人都覺得有點不可思議，但跟卡蜜拉相熟的人卻從來不感到意外。卡蜜拉性格活潑開朗，她和朋友們在一起的時候，所有人都會被其自信、開朗、隨意的風度所吸引。卡蜜拉從來不將查爾斯當成王子，她敢拍著他的肩膀跟他開各種各樣的玩笑，和她在一起，查爾斯不會感到任何的約束，而且還有一種隨心所欲的快樂。另外，成熟的卡蜜拉也讓憂鬱的查爾斯享受到了久違的母性的溫暖。這些，都是那位總是小心翼翼地稱他為閣下的像孩子一樣的戴安娜所不能給予的。

　　我想，林語堂如果在世的話，他也一定會覺得查爾斯跟卡蜜拉在一起才是天生的一對。即使貴為王子，他也應該有選擇幸福的權利。而對於這個世界上大多數女孩來說，如果你沒有戴安娜的條件，你可以選擇做卡蜜拉，也許有一天好運就會降臨到你身上。

　　遺憾的是，林語堂所欣賞的類型的女子在這個時代已經越來越少了，女權主義和整容技術正在有條不紊地消滅著傳統女性。

二十一　放浪者

林語堂拿芝加哥和紐約的摩天大廈對比，得出了這樣一個結論：我們的生活太狹仄了，使我們對精神生活美點不能得到一個自由的視野。我們精神上的空點太少了。

旅行與流浪

　　林語堂認為，大自然是最完美的精神療養院，它涵納了一切聲音、顏色、薰香、形狀和式樣，不僅可以醫治人的病體，還能治好人類的自大狂症。因此，林語堂是一個旅行的愛好者，他到過許多地方，也寫過不少遊記。但是對現代人的旅行方式，林語堂卻頗有微詞。

　　林語堂用「虛假旅行」來批判現代人的旅行方式。所謂的「虛假旅行」包括為了增長心智的旅行，為了獲得談話資料的旅行，以及有計劃的旅行。林語堂只喜歡「綠色旅遊」，不喜歡「紅色旅遊」，余秋雨式的「文化苦旅」更是他深惡痛絕的。有一次林語堂看到一群孩子們在一座公墓前像鴨子聽雷一樣聽著修道士如數家珍一般地磨叨著死者的生平往事，不禁嗤之以鼻，他認為這將會使孩子們從小對旅遊產生陰影。

155

　　林語堂到過很多地方，但我們幾乎看不到他在旅行時拍過一張照片作為留念。這是因為林語堂認為出去旅遊帶著照相機是一件很愚蠢的事情，旅行本來是為了放縱身心，達到忘我的目的，而照相機卻時時提醒你自己的存在，這豈不是買櫝還珠？林語堂有一次在杭州虎跑寺看見一個旅行者將自己喝茶的情景拍照留念，以便回去向朋友炫耀。林語堂揶揄他說虎跑品茶固然是一件風雅事，但只恐他買櫝還珠，因為照片而淡忘了茶味。

　　我們現在很多人在出行時為了方便與實惠都選擇了跟團的方式，這在林語堂看來是最不可取的。就像數位相機一樣，雖然人人都會使用，但是拍出來的照片也少了許多生機與活力。林語堂認為高明的旅行者應該具備一種「流浪的精神」：

> 旅行必須流浪式，否則便不成其為旅行。旅行的要點在於無責任、無定時、無往來信札、無嚅嚅好問的鄰人、無來客和目的地。一個好的旅行家絕不知道他往哪裡去，更好的甚至不知道從何處而來。他甚至忘卻了自己的姓名。（《生活的藝術》）

　　按照林語堂的標準，大書法家王羲之的兒子王子猷無疑是一個完美的旅行者。其雪夜訪戴的故事一直以來為人津津樂道，「乘興而來，盡興而返」，不摻雜一點功利的目的，沒有任何的束縛。朋友雖然沒有見著，卻享受了一段美妙的旅

程。《世說新語》記載王子猷行走在路上，一旦看到某個庭院裡竹子長的特別好，他就會像一個冒失鬼一樣不跟人家打一聲招呼就闖進去，悠然自得地欣賞一番然後默然離開。這不僅「忘我」，而且已經是「忘他」了。

放浪的理想

　　林語堂在《生活的藝術》裡把放浪稱為一種人生的智慧，在「以放浪者為理想的人」這篇文章裡他說：「總之，我對人類最尊嚴的信仰，實在是在於我相信人類是世上最偉大的放浪者。人類的尊嚴應和放浪者的理想發生聯繫，而絕對不應和一個服從紀律、受統馭的兵士的理想發生聯繫。這樣講起來，放浪者也許是人類中最顯赫最偉大的典型，正如兵士也許是人類中最卑劣的典型一樣。」

　　林語堂所說的「放浪者」不受紀律和制度的約束，逍遙自在，我行我素，民間傳說中的濟公可以說是他心目中「放浪者」的榜樣。林語堂盛讚濟公：「受民眾所愛戴的最偉大的瘋和尚無疑是濟顛和尚，又名濟公；他是一部通俗演義的主角，這部演義越續越長，其篇幅至今約比《唐吉·訶德》多了三倍，看來似乎沒有完結。」（《生活的藝術》）濟顛號稱「跳出三界外，不在五行中」，以破帽垢衣招搖過市，不受戒律拘束，嗜好酒肉，舉止似痴若狂，放浪不羈，任意妄為。

157

二十一 放浪者

　　雖然濟公擅長治理人世間的各種「疑難雜症」，積下了不少功德，但他被人們記住不在於其濟世，而在於其有趣。

　　問題是，濟公的「放浪」是建立在其高超的法力的基礎上的，有法力你就是濟公，沒法力你連乞丐都不如。所以對常人來說，所謂的放浪生活只能是鏡中花，水中月，看起來很美而已，即使瀟脫像林語堂也只是把放浪當作一種崇高的理想。喜歡看武俠小說的人們經常會為一個問題感到困惑：那些大俠們使不完的錢都是從哪來的？這個問題金庸也解答不了，估計他也只能這樣說：「大俠們要是整天為豬肉漲價而發愁的話，哪還有精力練功，哪還有心情笑傲江湖？如果張無忌開錢莊，楊過炒地皮，你還會喜歡他們嗎？」

　　所謂「神鵰俠侶」，所謂「笑傲江湖」，只是我們的一廂情願。我敢保證，楊過和小龍女如果真的在終南山上那個活死人墓一起過日子，不出三年必將離婚，這大概就是王蒙所說的「最美好的愛情在小說裡」的含義吧。

　　所以說，林語堂的放浪者在現實中的指向未必就是要你離家出走或者遁入空門，它在更多時候應該是指一個人精神上的自我療傷。也就是說，肉體上你也許被關在監獄裡，但思想上你絕對不能把自己當成一個囚犯。看過電影《刺激1995》一定對裡面那個叫布魯克斯的黑人老頭記憶猶新，布魯克斯在監獄裡服刑五十年，好不容易被放了出去，可是在

監獄被高度制度化的他已經適應不了外面自由的生活，最後只好在旅館裡選擇了上吊自殺，令人唏噓不已。與此對比鮮明的是，主角安迪卻從不屈服於命運，以常人難以想像的毅力用 20 年的時間打穿了監獄的牆壁，成功越獄，其在風雨中面對上蒼張開雙臂迎接新生的鏡頭感動了無數的世人。

題外話：面朝大海，春暖花開

紐約有一位富婆把自己住宅旁邊的無用地皮全給買了下來，原因是擔心將來有人在這些地皮上蓋起高樓大廈。這個決定在短視的人看來很是無稽，林語堂卻覺得英明無比，他說錢花在這種地方是最精明不過了。

林語堂拿芝加哥和紐約的摩天大廈對比，得出了這樣一個結論：

> 我們的生活太狹仄了，使我們對精神生活美點不能得到一個
> 自由的視野。我們精神上的空點太少了。（《生活的藝術》）

這就是現代的城市病，密密麻麻的高樓大廈遮擋住了天空的陽光，使住在城市裡的人們有日久發霉的危機，然而越來越狹隘的視野又阻礙了他們改變現實的勇氣。

二十二　人生的高與低

人在這個世界上究竟應該處於一個什麼位置，人究竟該往什麼方向行走，我們不妨聽一聽林語堂的建議。

永遠的鄉愁

1967 年 12 月 11 日，林語堂在接受《臺灣日報》記者許由採訪時動情地說道：「大約有半個世紀了，我一直沒有回到故鄉，但家鄉一草一木，低首緬想，歷歷如在目前。有時在夢中遊故里，依然看見門前那清澈的溪流，映出自己兒時的形象。我的故鄉是天下最好的地方。」

林語堂還寫了一首詩來表達自己對家鄉坂仔的感戀之情：「我本龍溪村家子，環山接天號東湖，十尖石起時入夢，為學養性全在茲。」詩中的「東湖」即坂仔的別稱，「十尖」、「石起」則是坂仔一南一北遙相呼應的兩座名山。

林語堂曾戲稱自己為「世界公民」，他的足跡遍及世界許多國家，但不管何時何地，故鄉的影子一直縈繞在他心頭，揮之不去。而隨著時間的增長，故鄉漸漸成了一個概念，一個詩意的精神家園，使他的心靈在喧囂而功利的世界中始終

保持著一份安寧與沉穩，能夠以農家子的淳樸眼光來觀照自己的人生。關於這一點，我們在他的個人傳記中一覽無遺：

> 在童時我的居處逼近自然，有山、有水、有農家生活。因為我是個農家的兒子，我很以此自詡。這樣與自然有密切的接觸，令我的心思和嗜好俱得十分簡樸。這一點，我視為極端重要，令我建樹一種立身處世的超然的觀點，而不至流為政治的、文藝的、學院的，和其他種種式式的騙子。在我一生，直迄今日，我從前所常見的青山和兒時常在那裡撿拾石子的河邊，種種意象仍然依附著我的腦中。它們令我看見文明生活文藝生活和學院生活中的種種騙子而發笑。童年時這種與自然接近的經驗，足為我一生知識的和道德的至為強有力的後盾；一與社會中的偽善和人情之勢利互相比較，至足令我鄙視之。如果我有一些健全的觀念和簡樸的思想，那完全是得之於閩南坂仔之秀美的山陵，因為我相信我仍然是用一個簡樸的農家子的眼睛來觀看人生。那些青山，如果沒有其他影響，至少曾令我遠離政治，這已經是其功不小了。（《林語堂自傳》）

對故鄉的思念，使得林語堂愛屋及烏，晚年在臺灣，他時常可以聽到久違的鄉音，這使他非常欣慰，在電影院，女招待不期然而說出閩南話，街上聽路人用閩南話互相揶揄，逛五金店和店主用閩南語天南海北的胡侃，這些對他來說都是「不亦快哉」的事情。

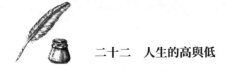

1962 年，林語堂到香港去看望女兒太乙一家，太乙和其夫黎明帶著林語堂玩轉香港，還驕傲的告訴父親香港有山有水，風光堪比瑞士。沒想到這卻觸發了老人心中的思鄉之情，感嘆道：「這裡的山怎麼能與我們家鄉的山相比啊。我們那裡的山多麼秀美，水多麼綠啊。有機會我們應該回去看看。」而後又不無傷感地說：「可惜我已經回不去了。」

76 歲時，林語堂已至遲暮之年，他的這種思鄉之情卻愈演愈烈，這一年，他在筆下深情地寫道：「家鄉的景色，使我在紐約的高樓大廈之間聽著車馬喧囂，恍然若有所失，我經常思念起自己兒時常去的河道，聽河水流蕩的聲音，仰望高山，看山頂雲彩的變幻。」（《我的家鄉 —— 漳州》）

林語堂終究沒有回到家鄉，他帶著這個終身的遺憾離開了人世。

高地人生

在林語堂的自傳體小說《賴柏英》裡，他系統地論述了生長在大山之間對自己人生的影響：

> 你若生在山裡，山就會改變你的看法，山就好像進入你的血液一樣……山的力量巨大的不可抵抗。」「山逼得你謙 —— 遜 —— 恭 —— 敬。柏英和我都在高地長大。那高地就是我的山，也是柏英的山。我認為那山從來沒有離開我們 ——

以後也不會⋯⋯」你生在那些山間，你心裡不知不覺評判什
麼都以山為標準，都以你平日看慣的山峰為標準。於是，你
當然覺得摩天大樓都可笑，都細小得微不足道。你現在懂了
我的意思了吧？對人生別的一切你也是同樣一個看法。人，
商業，政治，金錢，等等，無不如此。

從林語堂的表述裡，我們看到了他的「高地人生觀」的
兩層主要意思：對自然的仰視以及對現代文明的俯視，而這
兩者又是統一的。一方面，大山的高大以及山外有山的境界
使得個人在其面前顯得極其渺小，這種謙卑感使人在天地面
前充滿了敬畏之心，這也促使了林語堂養成了不張揚、不高
調，圓潤而又柔和的性格；另一方面，大山的高大又使人賴
其大而成己之大，正如孔子「登東山而小魯，登泰山而小天
下」一樣，又使人養成了充分的自信，在文明的威力面前可
以保證自我的不迷失，這也是林語堂身居美國高度發達的現
代文明卻能特立獨行的重要原因。

林語堂的「高地人生觀」和我們現在常講的敬畏自然在
精神上是相通的。林語堂認為大自然是治療人類自大狂這一
病症的最佳場所，而早在兩千多年前，孔子就警告我們：「小
人不知天命而不畏也」，只是我們一直沒有聽進去。長期以
來，我們都迷醉於「人定勝天」、「與天鬥，其樂無窮」的幻
覺中，狂妄自大，不可一世，狂熱分子想要炸掉喜馬拉雅山

來改變中國的氣候，就連著名的科學家何祚庥也在不時的拋出「以人為本」這樣的話來蠱惑人心。然而，大自然正在以其特有的方式教訓著無知的人類，當我們已經習慣了自然災害的數十年一遇和百年一遇時，當物種以前所未有的速度消失時，當每年的森林大火吞噬兩個英國的面積時，這一切都預示著人類已經行走在滅絕的邊緣！

　　人，棲居在大地上，來自泥土，也歸於泥土，大地是人的永恆家園。如果有一種裝置把人與大地隔絕開來，切斷了人的來路和歸宿，這樣的裝置無論多麼奢華，算是什麼家因呢？

　　人，棲居在天空下，仰望蒼穹，因驚奇而探究宇宙之奧祕，因敬畏而感悟造物之偉大，於是有科學和信仰，此人所以為萬物之靈。如果高樓蔽天，俗務纏身，人不再仰望蒼穹，這樣的人無論多麼有錢，算是什麼萬物之靈呢？

放低姿態

　　林語堂對老子的智慧作了充分而又深入的研究，其中他非常讚賞老子「尋向低處」的人生智慧。所謂「尋向低處」的人生智慧，通俗的說就是「水往低處流」的精神。水的明智之處在於它總是朝著低處流，這樣無須耗費自身的能量，一身輕鬆，而且可以借助地勢給自己帶來無窮無盡的力量。而人的不明智之處也在於他總喜歡往高處走，累且不說，一

旦失足，遺憾終生。

　　在西安秦始皇兵馬俑的發掘中，專家們發現那些跪射俑保存的完好程度遠遠超過了那些站立的兵馬俑。這可能出自兩個原因，一是跪射俑的高度較低，當兵馬俑坑的棚頂塌陷時，那些高大的立姿兵馬俑對其造成了緩衝的保護作用；二是跪射俑的所採取的跪姿使它們的重心較低，大大增加了其穩定性。

　　放低姿態，不僅是一種保護自己的手段，也是一種快樂人生的助推劑。你的人生目標不再那麼遙不可及，偶爾碌碌無為不再感覺自己面目可憎，看到別人住大房子不再捶胸頓足，有時扶老太太過馬路也會非常有成就感，一不小心中了500元的發票快樂地像撿到一個大金元寶。

　　有句名言說的好：「使你疲憊的不是遠方的高山，而是你鞋子裡的一粒沙子。」其實擊垮人的不是沙子，而是你的慾望，有人喜歡看廣告 —— 年輕無極限，有人喜歡聽歌 —— 我要飛得更高，無休無止的慾望使人不斷地向上攀爬，其結果只有兩種，一種是高空缺氧，一種是因失足而自由落體。

　　拿破崙曾豪氣沖天地說：「我比阿爾卑斯山還高！」然而拿破崙最終還是兵敗於滑鐵盧，身死於荒島，化為一堆枯骨。對此，阿爾卑斯山笑而不言，亙古不變地屹立在大地之上。別忘了，喜馬拉雅山至今還在長高。

二十三　上善若水

林語堂親水愛水，魯迅則親火愛火，沒想到這竟然預示了兩人後來的「水火不相容」。看來，冥冥之中，自有天意。

夢裡西溪

在《自傳》中，林語堂回憶自己小時候在家鄉的群山中經常想像怎樣走出大山。而這個問題的答案，而這個問題的答案，就在鐘靈毓秀的西溪水裡。小學畢業後，林語堂就是沿著這條溪流走出家鄉到廈門求學，進而一步步走向世界的。據說從西溪乘坐竹篷船，三天時間才能夠抵達漳州，再從漳州改乘汽船去廈門，大約需要一天半的時間。何其緩慢的節奏！似乎冥冥之中緩慢的溪流要和大師的人生節拍匯合交流。

從老家到鼓浪嶼去的路上要分兩段走。坂仔這一段的溪流雖有急流激湍，但水淺，僅能通行淺底小舟。每次航行至此急流時，船伕及其女兒就會將褲腿捲起來，跳入水中，將小舟扛在肩上越過激流向前走。而到了兩條河的交匯處，水流變寬，大家就會換到一種「家房船」上繼續前行。這樣的「家房船」很像周作人筆下的烏篷船，可以聽船伕講述那些

古老的故事。有時,還可以聽見別的船上飄來的幽怨悅耳的簫聲。「音樂在水上,上帝在天宮」,林語堂感嘆這是他生命中最美好的記憶。而西溪旅途夢幻般的景色,更是讓他難以忘懷。後來,已到中年的林語堂在應美國某書局之邀而寫的《自傳》中這樣描述道:

> 有一夜,我在西溪船上,方由坂仔(寶鼎)至漳州。兩岸看不絕山景、禾田,與村落農家。我們的船是泊在岸邊竹林之下,船逼近竹樹,竹葉飄飄打在船篷上。我躺在船上,蓋著一條毯子,竹葉搖曳,只離我頭上五六尺。那船家經過一天的勞苦,在那涼夜之中坐在船尾放心休息,口銜菸管,吞吐自如。其時沉沉夜色,遠景晦冥,隱若可辨,宛是一幅絕美絕妙的圖畫。(《林語堂自傳》)

即使到了林語堂的暮年,他對西溪之行的印象仍然宛如昨日;

船蜿蜒前行,兩岸群山或高或低,當時光景,至今猶在目前,與華北之童山濯濯,大為不同,樹木蔥蘢青翠,多果實,田園間農人牛畜耕作,荔枝,龍眼,朱欒等果樹,處處可見,巨榕枝柯伸展,濃陰如蓋,正好供人在下乘涼之用,冬季,橘樹開花,山間朱紅處處,爭鮮鬥豔。(《八十自敘》)

滿街都流淌著慾望的河流,而那條純淨的、不帶任何雜質的、像夢境一樣的西溪,就成了人世的孤島,永遠在記憶

中鮮活的存在著。林語堂給自己的心靈營造了一個「精神烏
托邦」，宛如世外桃源一般的西溪一直執著地在他內心占據
著不可動搖的位置，這也成了他抵抗外界誘惑，保持一顆純
真的赤子之心的利器。隨著時間的推移，林語堂已成了西
溪，西溪也成了林語堂，心如明鏡，身若止水，莊周化蝶，
是耶非耶？

　　從這一點來看，林語堂的西溪和沈從文的邊城又何其
相似！

釣魚的哲學

　　成年以後，隨著歲月的腳步，林語堂與西溪的距離越來
越遠，但這絲毫未妨礙他對水的熱愛和追逐。而後，他採取
了一種更務實的方式來親近水，那就是釣魚。

　　林語堂對釣魚的熱愛完全可以用「痴」字來形容，早在
大學時代，眾人還在為即將到來的考試苦讀時，他就提著一
根釣竿到蘇州河釣魚。而林語堂到了美國之後，遠離了國內
紛亂的政局，六根清淨，更是縱情於他的釣魚之樂。住在紐
約的時候，林語堂一得閒就和親人朋友們一起坐著漁艇出海
垂釣，有一次，他和小女兒相如一起在海上釣回了兩條洋傘
一般大小的藍魚，把廖翠鳳嚇了一跳，他對此深以為豪。

　　在海外，林語堂釣魚的足跡遍及法國、瑞士、奧地利、

阿根廷等許多國家，他每次出行，事先都要先打聽這個地方
有無釣魚之便。有一次，林語堂和妻子一起前往阿根廷巴利
洛遮（Bariloche）湖釣魚，他用充滿詩意的筆調描述了這裡
的環境和釣魚的經過：

> 此地釣魚，多用汽船慢行拖釣方法，名為 Trolling。船慢慢
> 開行，釣絲拖在船後一百餘尺以外。鉤用湯匙形，隨波旋轉，
> 閃爍引魚注意，所以不需用餌。我與內人乘舟而往，漁竿插在
> 舷上，魚上鉤時，自可見竿搖動。這樣一路流光照碧，寒聲隱
> 地尋芳洲，船行過時驚起宿雁飛落蘆深處。夕陽返照，亂紅無
> 數，仰天長嘯，響徹雲霄，不復知是天上，是人間。（《談海
> 外釣魚之樂》）

釣魚到了此等境界，所釣的已不止在魚本身，更是一種
超凡脫俗的人生，林語堂這樣解釋他熱愛釣魚的理由：「釣魚
常在湖山勝地，林泉溪澗之間，可以摒開俗務，怡然自得，
歸復大自然，得身心之益。足球棒球之類，還是太近城市
罷。還是人與人之鬥爭。」（《記紐約釣魚》

另外，釣魚還是一種絕妙的養生之道。西安事變後，張
學良被蔣介石軟禁。從叱吒風雲的少帥到階下囚，張學良剛
開始也抑鬱不樂，每天唯以釣魚來消磨時間。蔣介石知道
後，送給張學良一根美國特製的釣魚竿，它能長能短，能屈
能伸，其用意昭然若揭，張學良氣得當場將釣魚竿折為幾

段。但隨著歲月的流逝，少帥的銳氣漸漸被消磨殆盡，在那樣一種環境之中，張學良不僅沒有像曹植一樣英年早逝，反而長命百歲，活得比老蔣還長，釣魚竿的精神功不可沒。

如果無法改變外在的環境，那就改變我們的內心。

其實，真正會釣魚的人都是抱著「醉翁之意不在酒」的精神而往的，他們在乎的是「漁」而不是「魚」，在那樣一種自然的環境下，動靜結合、張弛有度，神遊天地之間，不亦快哉！同時又活絡了筋骨，疏通了血脈，有強身健體、延年益壽之功效。如果你暫時沒有出去釣魚的條件，繁忙工作之餘，靜下心來禪坐一會兒，也會有同樣的功效，切勿把自己當成不需要休息的機器。

林語堂甚至把釣魚和他隨身攜帶的菸斗放在一起，從而對人生進行了睿智的思考：「釣魚與菸斗的妙用，差不多相同，在靜逸的環境中口含菸斗，手拿釣竿，滌盡煩瑣，與自然景色相對，此種環境，可以發人深省，追究人生意味，恍然人世之熙熙，是是非非，捨本逐末，輕重顛倒，未嘗可了，未嘗不欲了，而終不可了。」

上善若水

「上善若水。水善利萬物而不爭，處眾人之所惡，故幾於道。居善地，心善淵，與善仁，言善信，正善治，事善能，動善時。夫唯不爭，故無尤。」

對於老子的這段話，林語堂是這樣翻譯的：「合乎道體的人，好比水，水是善利萬物又最不會與物相爭的。他們樂於停留在大家所厭惡的卑下地方，所以最接近道。他樂於與卑下的人相處，心境十分沉靜，交友真誠相愛，言語信實可靠，為政國泰民安，行事必能盡其所長，舉動必能符合時宜，這是因為他不爭，所以才無錯失。」（《老子的智慧》）

林語堂認為「在老子看來，水便是柔弱者的力量的象徵——輕輕地滴下來，能在石頭上穿一個洞；水有道家最偉大的智慧，向最低下的地方去求它的水平線。」他還進一步借助莊子來加強自己的觀點：「老子的不爭，正是莊子口中的寂靜、保守，及透過平和以維持精神均衡的超然力量；老子認為水是『萬物之至柔』和『尋向低處』的智慧象徵，莊子則堅信水是心靈平靜和精神澄澈的徵象，是保存『無為』的巨力。」

水的澄澈明淨，與世無爭，順勢而為都蘊含了至為深刻的哲理，林語堂親水愛水，終成其快樂長壽之道。

而相比林語堂之愛水，魯迅則酷愛火，在《〈野草〉題辭》中他寫道：「地火在地下運行，奔突；熔岩一旦噴出，將燒

盡一切野草，以及喬木，於是並且無可朽腐。但我坦然，欣然。我將大笑，我將歌唱。」在《死火》中，這種感情表現的更加淋漓盡致：「死的火焰，現在先得到了你了！我拾起死火，正要細看，那冷氣已使我的指頭焦灼；但是，我還熬著，將他塞入衣袋中間。」

　　魯迅熱愛火，歌頌火，他的性格和為人也像熊熊燃燒的烈火。火的炙熱與猛烈都讓人們敬畏，但是比起水的長流不衰，其長久性終究難以比擬，從中醫學上來講，這叫陰陽失和。我想，這也是魯迅無法「仁者壽」的重要原因吧。

　　林語堂在美國作家中尤為鍾情愛默生和梭羅師徒，屢屢提起他們。1844 年的秋天，愛默生在瓦爾登湖上買了一塊地。第二年，28 歲的梭羅徵得老師的同意，來到了瓦爾登湖邊的森林裡，靠著一把斧子砍伐樹木建造了一座小木屋，並在美國獨立日那天完成工程住了進去。

　　接下來的日子裡，梭羅遠離美國的工業文明和塵世的喧囂，獨自在小木屋裡生活了兩年多，這期間他每天面對著湖水，觀察自然，思考人生，並寫出了偉大的著作《瓦爾登湖》。而後，這本書成為了無數人的精神家園，梭羅也因此成其偉大與不朽。

　　《瓦爾登湖》的中文譯者徐遲在序言裡評價梭羅：「他不是消極的，是積極的；他不是逃避人生，是走向人生。」這

大概就是藝術家範曾所謂的「陰柔的進取」精神吧，這也正
是「上善若水」的精神。

二十四　方圓之間

林語堂收入之高讓以窮酸為名的文人們仰慕不已，而他對待金錢的態度更是充滿了戲劇性和爭議。有人說他是見錢眼開的勢利鬼，有人說他是慷慨的慈善家，截然不同的說法讓人倍感撲朔迷離。

作家與富翁

有人專門研究過林語堂 30 年代在上海的收入情況，結果嚇了一跳，在其鼎盛期年收入竟然達到了兩萬銀元以上。要想準確地把當時的銀元換成現在的幣值是件很困難的事情，即使是經濟學家恐怕也無能無力。但如果以購買力來換算的話，30 年代時物價較為穩定，一塊大洋大概可以購買到十五六斤稻米。而現在一斤普通的稻米普遍在 60 元臺幣左右，如此算來，當時的一塊銀元大致相當於當今的臺幣 150-200 元，那麼林語堂的年收入就是現在的三百多萬臺幣。

這個數字相當於魯迅的兩倍多，魯迅人生的最後幾年年收入大概在一萬銀元左右，相當於現在的兩百萬臺幣，魯迅自認為自己屬於社會的中產階級。如此算來，林語堂算得上社會的上層階級，當時不到 40 大洋就足夠維持上海一個四口之家一年的生計了。

　　林語堂在上海主要的收入有三部分，一是他編寫了教科書性質的《開明英文讀本》，成為長盛不衰的暢銷書，為其帶來了巨額的版稅，每年在 6,000 銀元以上；一是在中央研究院任職的薪俸，每年有將近 4,000 銀元；另外就是他在各大刊物擔任編輯的收入以及其他的一些稿酬。

　　而在美國，作為暢銷書作家，林語堂仍然收入豐厚。以 1939 年為例，林語堂全年的版稅為四萬多美元，當時的黃金價格是 35 美元 / 盎司，時至今日已經突破 1,900 美 / 盎司了。這年年底，林語堂為廖翠鳳買了一枚價值一千美元的 3.38 克拉的鑽石戒指。這在普通人看來極為奢侈，對林語堂卻是小菜一碟，不信我們可以去看一下電影《珍珠港》裡面的這句對白：「這是最新的戰鬥機，價值 4.5 萬美元……」

　　林語堂收入之高讓以窮酸為名的文人們仰慕不已，而他對待金錢的態度更是充滿了戲劇性和爭議。有人說他是見錢眼開的勢利鬼，有人說他是慷慨的慈善家，截然不同的說法讓人倍感撲朔迷離。

　　中國古代的銅錢最經典的是方圓結合的形狀，而方與圓的結合也可以用來概括林語堂的金錢觀。

精明與慷慨

　　葉靈鳳在《小談林語堂》中對林語堂大加討伐，其中有一點指責林語堂在錢的問題上過於現實。據他回憶，其林語堂編輯《論語》時，每期必要看到出版方時代公司的人員帶來的編輯費，他才肯交出稿件。當時林語堂家門口立著一塊「內有惡狗」的木牌子，厭惡林語堂的人提議在木牌上續上兩句：「認錢不認人，見訪諸君莫怪。」

　　葉靈鳳的態度是否客觀值得商榷，因為在文章裡他還說林語堂「英文已經不很高明，中文簡直更差」，這未免貽笑大方，但他所說的事情也未必完全是空穴來風。在對待金錢的問題上，林語堂這位「幽默家」認真的有點反常，他甚至為了《開明英語讀本》的版權不惜和大名鼎鼎的世界書局對簿公堂。

　　林語堂這種「小氣」不僅存在於他和外人之間，甚至連他的親人都受到「株連」。

　　林語堂赴美前，將自己租住的房子退掉，並將家具出售。林語堂的兄弟們各買了幾件舊家具，並付了錢。大家聽說後都覺得，這麼一個有錢的大作家還要收自己兄弟幾件舊家具的錢，實在是太沒人情味了。

　　林語堂的大女兒林如斯與美國人狄克的婚姻最終不歡而散，如斯為了表示與狄克一刀兩斷放棄了向對方要求贍養費

的權利。而林語堂卻認為這是天經地義的事情，不顧女兒的感受與狄克打起了官司。

令人不可思議的是，在愛錢如命的林語堂的對面還存在著一個視金錢如糞土的林語堂。

當年大家閨秀的廖翠鳳不嫌棄林語堂的貧窮毅然嫁給了他，她可能沒有想到後來富有的林語堂卻支撐起走向沒落的廖家。在林語堂赴美前夕，他老丈人的錢莊破產了，廖家的產業被討債者查封。廖家二十餘口人處境艱難，林語堂對他們給予了無私的援助。

而對自己的家人，林語堂同樣不含糊。大哥和姐夫早逝，剩下孤兒寡母相依為命；二哥有一段時間失業了，七個孩子嗷嗷待哺；三嫂是個藥罐子……據林語堂的二女兒林太乙回憶，林語堂每年用來津貼林廖兩家的費用至少在 3,000 銀元以上，相當於現在的五十餘萬臺幣。對親人慷慨，對外人林語堂同樣不吝嗇。

當時中國人民天災人禍頻頻，林語堂屢屢為難民慷慨解囊。後來他在旅法期間還收養了 6 個中國孤兒，對每人予以幾百法郎的資助。晚年在香港，林語堂聽說九龍城有個不幸的女人生活舉步維艱，他特地和女兒太乙一造訪那個眾人避之唯恐不及的地方，給那個女人送上了幾百元錢的生活費。此外，林語堂還捐資在老家為村民們修學堂，購買種苗和樹苗免費讓村民們栽種，希望以此方式帶領大家一起「奔小康」。

金錢背後的性情

　　魯迅在廈大期間有一件趣事廣為流傳。這天，魯迅頭一回走進了一家理髮店，店裡的理髮師見他長袍破舊。形象邋遢，心生鄙夷，猶如剪羊毛一般亂剪一通敷衍了事。事畢，魯迅隨意從口袋裡抓了一把銅板塞給這位理髮師，遠遠超出理髮本身的費用。

　　一個月後，魯迅又來到了這家理髮店。理髮師一見他笑得合不攏嘴，點頭哈腰，理髮時更是精雕細琢，耗費了無數的心血，像是一個藝術家在審視自己的作品。理完髮，魯迅又從口袋裡掏出了錢，不過這一次他認真地查數了錢，問明了費用才如數遞給理髮師。理髮師鬱悶不已，問道：「我上次隨便給你理，你多給了很多錢；這一次我這麼認真理，你怎麼不多給了呢？」魯迅答道：「你上次胡亂地剪，我就胡亂地給，這次認真地剪，我當然就認真地給了！」

　　這個故事我們可以當作茶餘飯後的一個笑話，沒有必要那麼認真追究其真實性。然而它卻向我們傳導了這樣一個訊息，在大師們對待金錢判若兩人的背後，往往代表著他們的真性情。

　　魯迅和林語堂一樣，都曾經為了自己的版稅問題多次上公堂。但並不因此降低他的偉大。相反，一個人要保持自己人格和思想的獨立，光有一腔熱血是遠遠不夠的，餓著肚子

的魯迅無法吶喊，餓著肚子的林語堂也幽默不起來，他們的精神財富都是建立在物質的基礎上的。而物質的無憂又讓他們不必受制於人，保持了自己的真性情，自由的寫作才能創造出偉大的作品。況且，君子愛財，取之有道，從來不是什麼見不得人的事情。

林語堂有時候在一些金錢的小問題上過於較真，但這無傷大雅，反而讓他顯得血肉豐滿。數學家陳景潤當年有一次到商店買東西，售貨員少找了他一毛錢，結果他花了兩毛錢坐車回去要回了這一毛錢，我們並不因此認為陳景潤迂腐，相反還覺得他很可愛。而現在有些視金錢如糞土的人，我們反而覺得其虛偽的讓人厭惡。

當然，睿智者擁有金錢但絕不當守財奴。梭羅在《瓦爾登湖》中寫道：「我絕對不願意去馴一匹馬或一頭牛，束縛了它，叫它替我做任何它能做的工作，只因為我怕自己變成了馬伕或牛倌。」

如果我們能像梭羅對待牛馬一樣對待金錢，那就絕對不會成為金錢的奴隸。

二十五　做個有閒人

「沒有金錢也能享受悠閒的生活。有錢的人不一定能真正領略悠閒生活的樂趣，那些輕視錢財的人才真正懂得此中的樂趣。」這是林語堂給我們的忠告。

慢慢走，欣賞啊

有這樣一種說法，人一生的心跳次數是八九不離十的，跳完了你就去見祖先了。因此，把握好自己心跳的節奏才是真正的養生之道。一般來說，緊張、壓力大的情況下人的心跳就會加速，此乃養生之大忌。

林語堂在這方面就很理智，年輕時他曾經也以快節奏取勝，在聖約翰大學，他創造了學校一英里賽跑的紀錄，還代表學校參加了遠東運動會。但到了中老年以後，林語堂再也不跑步了，而是改成散步了，這幾乎成了他後半生最大的愛好。他常常身穿長袍，嘴裡叼一根菸斗，腳步不疾不徐，悠然自得地穿行於紐約的大街小巷，成了當地的一道風景。

林語堂的人生理念是「能閒人之所忙者，方能忙人之所閒」。他厭惡那些從生產線上下來的產品，並以製作皮鞋為例說，皮鞋用機器製造，產量大，效率高，這是忙或者摩登；

而皮匠也製造皮鞋，要耗費幾天的時間才能打磨出一雙，這是閒或者封建。然而只有純手工打造的皮鞋才是真正的好皮鞋，才可以稱為藝術。而林語堂的寫作就是這樣一種藝術的生活，在《吾國吾民》的後記裡，他描述了自己寫作時的工作狀態，著實讓我們嚮往：

> 要在早睡早起，夜眠必足，眠足則翌晨坐在明窗淨幾，一面抽菸，一面飲茗，清風徐來，鼻子裡嗅嗅兩下，胸部軒動，精神煥發，文章由口中一句一句一段一段念出，叫書記打出初稿，倒也是一種快樂。夜眠不足，文章便吐不出來。（《吾國吾民》）

而事實上，中國文化的精華大多都在教會我們以一種慢節奏品位和享受人生。無論書法，圍棋，讀經，山水畫，彈琴，都要求我們摒棄外界的雜念與俗事的紛擾，自在從容方能成其藝術，這也是嵇康「口送歸鴻，手揮五弦」一直以來讓我們悠然神往的原因。

在美學大師朱光潛的《談美書簡》裡，有一篇名為「慢慢走，欣賞啊！」這個題目出自歐洲阿爾卑斯山上的一個標語。阿爾卑斯山山谷中有條馬路，路上汽車很多，而且開的極快，以至於釀造了很多交通事故，車毀人亡。後來有關部門想了一個絕妙的辦法，在路口樹立了一個巨大的牌子「慢慢走，欣賞啊！」，此後，司機們開車經過這裡，一見這個

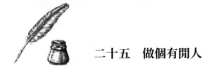

巨大的標語牌子，都會忍不住放慢車速，一路欣賞美麗的風
景而過，山路上再也沒有那麼多事故了。

朱光潛說：「許多人在這車如流水馬如龍的世界過活，恰
如在阿爾卑斯山谷中乘汽車兜風，匆匆忙忙地急馳而過，無
暇一回首流連風景，於是這豐富華麗的世界便成為一個了無
生趣的囚牢。這是一件多麼可惋惜的事啊！」但願我們再也
不要做這種畫地為牢、作繭自縛的蠢事了。

心靈的邊緣化

有媒體報導，近年來，白領放棄高薪下鄉正在成為一種時
尚。白天荷鋤種稻，傍晚拾柴燒飯，過上了「與世隔絕」的原
始生活。

因為自己每天都在種菜，日出而作，日落而息，對於夫
妻倆來說，這種簡單的生活讓他們好奇而又愉快。閒暇時，
他們會躺在家門前的水井旁，晒著太陽、看看書，或者陪伴
孩子在泥地上寫字畫畫。「現在有更多時間接觸書籍，覺得
內心很充實，沒有了壓力，自己對生活也更加熱愛」。

但逃離城市畢竟只是個案，在生存和家庭的雙重壓力
下，這條路對大多數人並不現實。況且，肉體的逃離未必就
意味著精神的解脫。明代怒中無溫禪師唱過這樣一首偈：「閒
到心閒始是閒，心閒方可話居山；山中勝有閒生活，心不閒

時居更難。」意思是說如果你雜念太多，六根不淨，就是跑到深山隱居也是徒然，照樣每天晚上得吃安眠藥。

對此，陶淵明提出的良方是「心遠地自偏」，而林語堂則在此基礎上加以發揮，提出了讓心靈「邊緣化」的主張，既不必逃到深山老林去隱居，又能保證自己的內心得到充分的休憩，可以說是一個左右逢源的方案。林語堂在紐約時常常做的一件事是跑到中央公園的綠地上躺著看天，那裡恰恰是人流最集中的地方，任憑外界洶湧澎湃，我自巋然不動，他以自己的行為驗證了大隱隱於市的風範。

想要讓心靈「邊緣化」，林語堂認為必須要有「一個恬靜的心地和樂天曠達的觀念」，意味著堅守獨立的人格，不羨慕別人光鮮的衣著，不眼紅別人的提升加薪，不在意一時的榮辱得失，淡定從容，善於抵抗流俗的侵擾。而能達到這個境界的人，往往都是一些內心淳樸，個性天真爛漫的人。

殷海光在臺大當教授時，已是赫赫有名的學者。後來，著名學者牟潤孫也來到臺大執教，與殷海光結為好友，兩人經常互訪。有一次，牟潤孫率全家外出，殷海光來後只見鐵將軍把門，於是就坐在牟家的院子裡等，看到院子裡雜草叢生，還把院裡的雜草拔了一番，做了半天，大汗淋漓。牟潤孫回來後，鄰家太太告訴他：「學校給你們派來除草的工人真是太敬業了，主人不在照樣一絲不苟，直著眼睛向前走路，

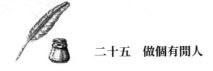

一腳踏在泥裡⋯⋯」牟潤孫聽後感慨萬千，說：「殷海光這種率真坦白的泥土氣息，農村味道，在任何一個知識分子身上，我從沒有發現過。海光不僅治學，就是為人，也是超絕世俗的。」

這就是被李敖戲稱為「書呆子」的殷海光，以一個大教授的身分為朋友當除草工人，這樣的人，恐怕現在很難再找到了。

活著就是王道

林語堂用一段精彩的闡述表現了他的悠閒生活觀：

> 沒有金錢也能享受悠閒的生活。有錢的人不一定能真正領略悠閒生活的樂趣，那些輕視錢財的人才真正懂得此中的樂趣。他須有豐富的心靈，有簡樸生活的愛好，對於生財之道不大在心，這樣的人，才有資格享受悠閒的生活。如果一個人真的要享受人生，人生是儘夠他享受的。一般人不能領略這個塵世生活的樂趣，那是因為他們不深愛人生，把生活弄得平凡、刻板，而且無聊。有人說老子是嫉惡人生的，這話絕對不對，我認為老子所以要鄙棄俗世生活，正因為他太愛人生，不願使生活變成「為生活而生活」。（《生活的藝術》）

「為生活而生活」這樣的字眼實在夠犀利的，但它卻如實地反應了我們現在大多數人的生存狀態。

活著就是王道

　　筆者提筆寫本章的這天，也正是復旦大學抗癌女教師于娟與世長辭的日子。「活著就是王道」，是于娟歷經生與死所得出的人生至理。我覺得，以此作為本文的第一個標題再合適不過。

　　「在生死臨界點的時候，你會發現，任何的加班（長期熬夜等於慢性自殺），給自己太多的壓力，買房買車的需求，這些都是浮雲。如果有時間，好好陪陪你的孩子，把買車的錢給父母親買雙鞋子，不要拚命去換什麼大房子，和相愛的人在一起，蝸居也溫暖。」這是于娟的日記中被網友廣為傳抄的段落。

　　于娟，海歸，博士，復旦大學教師，老公是一個大學副教授，有一個兩歲大的孩子，家庭美滿，前途無量，然而突如其來的乳腺癌卻將這一切永遠的定格在她的 32 歲。

　　生病之前，于娟曾有宏圖大志，她說「我曾經的野心是兩三年搞個副教授來做做，於是開始玩命想發文章搞課題」，而後她開始與時間賽跑，熬夜成了家常便飯，沒想到這竟然成了她生命終結的推進劑。在病床上，于娟開始反思自己以往的種種不理智的行為，並呼籲網友們一定要善待自己。

　　「得了病我才知道，人應該把快樂建立在可持續的長久人生目標上，而不應該只是去看短暫的名利權情。」當于娟說出這句話的時候，對她來說已經為時晚矣，但對你我來說或許還有挽回的餘地，請珍重！活著就是王道！

二十六　有不為齋

> 如今，來這裡參觀的人們都要在新的「有不為齋」裡泡上一
> 杯茶，看一看陽明山美麗的風光。只可惜這樣一個喧譁的新
> 「有不為齋」已經完全背叛了「有不為」的涵義，而真正的
> 「有不為齋」卻只能寂寞地躲在燈火闌珊處。

有不為齋

　　林語堂晚年赴臺後，在臺北陽明山營造了自己的新居，
並給新居里的書房取名「有不為齋」。這四個字自 30 年代以
來一直就是他的書房名字。關於書齋得名的原因，林語堂自
有一番解釋，他說，維新黨人康有為以「有為」為名，既然
存在「有為」，那麼一定在另一些方面也存在著「有不為」。

　　而在林語堂的抒情小品《言志篇》中，我們多多少少看
到了一點「有不為」的影子，在這篇文章裡他表述了自己理
想中書齋的樣子：

> 我要一間自己的書房，可以安心工作。並不要怎樣清潔齊
> 整，房間應有幾分凌亂，七分莊嚴中帶三分隨便，住起來
> 才舒服。天花板下，最好掛一盞佛廟的長明燈，入其室，稍
> 有油煙氣味。此外還要有菸味，書味，及各種不甚了了的房

味。最好是沙發上置一小書架，橫陳各種書籍，可以隨意翻讀。種類不要多，但不可太雜，只有幾種心中好讀的書，及幾次重讀過的書 —— 即使是天下人皆罵為無聊的書也無妨。不要理論太牽強乏味之書，只以合個人口味為限。西洋新書可與《野叟曝言》雜陳，孟德斯鳩可與福爾摩斯小說並列。

在文章《有不為齋解》裡，林語堂更是進一步說明什麼才是自己的「有不為」：

我始終背不來總理遺囑，在三分鐘靜默的時候也制不住東想西想。我憎惡強力，永遠不騎牆而坐；我不翻跟頭，體能上的也罷，精神上的也罷，政治上的也罷。我甚至不知道怎麼樣趨時尚，看風頭。

我從來沒有寫過一行討當局喜歡或是求取當局愛慕的文章。我也從來沒說過討哪個人喜歡的話；連那個想法壓根兒就沒有。

我從未向航空基金會捐過一文錢，也從未向由正統道德會主辦的救災會捐過一分錢。但是我卻給過可愛的貧苦老農幾塊大洋。我一向喜愛革命，但一直不喜愛革命的人。

我極厭惡小政客，不論在什麼機構，我都不屑於與他們相爭鬥。我都是避之唯恐不及。因為我不喜歡他們的那副嘴臉。

我從來不能擺出一副學者氣，永遠不能兩膝發軟，永遠不能裝做偽善狀……

二十六　有不為齋

　　從中我們可以看出，林語堂的「有不為」是不為偽善之事，不為趨炎附勢之事，不為違背自己心志之事，不為「主旋律」倡導之事……唯其「有不為」，方成世人心目中有為的林語堂。

　　如今時過境遷，臺灣政府為了觀光旅遊的需求，將原來林語堂故居里的餐廳改成茶餐廳，也取名為「有不為」齋。如今，來這裡參觀的人們都要在新的「有不為齋」裡泡上一杯茶，看一看陽明山美麗的風光。只可惜這樣一個喧譁的新「有不為齋」已經完全背叛了「有不為」的涵義，而真正的「有不為齋」卻只能寂寞地躲在燈火闌珊處。

　　說個題外話，就在新的「有不為齋」，也就是當年的林家餐廳，林語堂每天最幸福的事情就是傍晚坐在陽臺上遙望觀音山落日、俯瞰天母燈火的愜意：「黃昏時候，工作完，飯罷，既吃西瓜，一人坐在陽臺上獨自乘涼，口銜菸斗，若吃菸，若不吃菸。看前山慢慢沉入夜色的朦朧裡，下面天母燈光閃爍，清風徐來，若有所思，若無所思。不亦快哉！」（《來臺二十四快事》）

　　不知道如今熙熙攘攘、腳步匆匆的人們坐在同樣的位置，做著同樣的事情，心境會不會再如此平靜而寧和？

讀書的藝術

在清華期間，有一次林語堂到一個留美歸來的同事家裡借一本《經濟學史》，這個同事只有一箱書，他的每一本書都是嚴格地按照杜威分類法排列的。當聽到林語堂所要的書的名字時，同事馬上次答道：「那是 580.73A」，說著就迅速地把書取出來了。

林語堂見此場景，驚嘆不已，回家跟妻子說這真是「美國人的效率」。廖翠鳳一聽，認為這是個讓林語堂「改邪歸正」的好機會，連忙勸他學習友人的先進管理經驗。林語堂卻用菸斗敲了一下夫人的後腦勺，不悅地說：「分類是科學，讀書是藝術，怎麼能混為一談！」

林語堂讀書講究的是一種緣分，這甚至從來買書那一刻就開始了，林語堂說：「我有一種習慣，最愛購買隱僻無聞的便宜書和斷板書，看看是否可以從這些書裡發現些什麼。如果文學教授們知道了我的思想來源，他們一定會對這麼半個俗物顯得駭怪。但是在灰燼裡拾到一顆小珍珠，是比在珠寶店櫥窗內看見一粒大珍珠更為快活。」（《生活的藝術·自序》）

我們可以想像，在上海或北平或紐約的某個不起眼的街角地攤，林語堂偶然買到一本自己喜歡的破書時那種欣喜若狂的樣子。這種感覺就像你打了半輩子的光棍，卻因為一次

無意中在荒山野嶺偷看了仙女洗澡而不得不把她娶回家做老婆。而事實上，讀書在林語堂眼裡的確就是一場戀愛，他覺得有目的地去閱讀一本書就像包辦婚姻，這種快樂是不會長久的。最佳的讀書狀態應該像與情人約會一樣，彼此氣味相投、心有靈犀，一顰一笑都有無限的深意，一個情人厭倦了還可以找另外一個情人，這樣找十個八個情人，你想不成為作家也難了。

　　筆者很羨慕林語堂當時這種買書的狀態，隨著時代的發展古老的地攤已經難覓蹤影了，網上買書漸漸成了主流。在網上買書雖然方便，但是目的性太強，而且只有在書籍寄到之後才能見到其真面目，就像古代在洞房花燭夜才能揭開老婆的紅蓋頭一樣，往往會發生一些意外。筆者有一次在網上買了一本《容齋隨筆》，寄過來之後卻發現是經人翻譯成白話文的，差點痛哭流涕，感覺像明明娶了一個處女，其實卻已經失身很久了。這一點也是林語堂幸運的地方，他良好的外語功底使得他可以直接接觸外文原版，這樣看的書就少了很大的被人「破處」乃至「強姦」的可能性。

　　林語堂反對讀書的功利性，他說如果你手裡拿著一本書，心裡卻在擔心考試會不會及格，能不能升級，如何靠這本書騙取更好的飯碗，那你就是一個「讀書謬種」。他甚至認為一個人讀書時正襟危坐乃至規定讀幾頁或者在何時何地讀都是極其愚蠢的。為此林語堂特地寫了一篇《讀書的藝術》

來闡明自己的觀點，在文章的後面他用抒情的筆法描述了自己心目中理想的讀書場景，令人嘆為觀止：

> 一個人讀書必須出其自然，才能夠徹底享受讀書的樂趣。他可以拿一本《離騷》或奧瑪開儼（Omar Khayyam，波斯詩人）的作品，牽著他的愛人的手到河邊去讀。如果天上有可愛的白雲，那麼，讓他們讀白雲而忘掉書本吧，或同時讀書本和白雲吧。在休憩的時候，吸一筒煙或喝一杯好茶則更妙不過。或許在一個雪夜，坐在爐前，爐上的水壺鏗鏗作響，身邊放一盒淡巴菰，一個人拿了十數本哲學，經濟學，詩歌，傳記的書，堆在長椅上，然後閒逸地拿起幾本來翻一翻，找到一本愛讀的書時，便輕輕點起菸來吸著……

當「閱讀」離我們遠去

胡適在《中國公學十八年級畢業贈言》裡建議青年學子畢業後每天花一點時間讀十頁書，這樣每個人 30 年後都會讀到十一萬頁書，這足以讓你成為一個學者。

每天讀十頁書，聽起來不費吹灰之力的事情。可是當我們真的大學畢業，走上社會以後，又有幾個人能夠做到？我這裡所說的書，不包括一切實用類的書籍。林語堂認為「真正有益的讀書，便是那種能夠引領我們進到沉思境界的讀書，而不是單單去知道一些事實經過的讀書。」筆者有一位朋友曾炫耀說自己的藏書如何豐富，結果筆者到他家一看立

即掩面而出，裡面的書不是「電腦程式設計」就是《卡內基成功學》、《如何與上司相處》之類的。

在中國，工作的人可以分成兩類。一類人閒得要命，以公務員（尤其是一些基層公務員）為代表，這類人每天最主要的任務就是看報紙，但在林語堂看來這根本不算讀書，他說：「一般的新聞報紙讀者，他們的目的不過是要得知一些毫無回味價值的事實經過罷了。」另一類人則忙得要命，以企業職員為代表，這類人每天忙的焦頭爛額根本沒有讀書的時間，更重要的是職場的壓力和家庭的瑣事讓他們漸漸失去了讀書的心情。而正如一個長期不做飯的廚子一樣，他們的讀書能力也在與日俱減。

最糟糕的是我們的下一代，電子產品的普及正在讓他們離書香越來越遠。如果要把一個人捧著 ipad 掃描螢幕稱為閱讀，打死我也不承認。沒有油墨的芬芳，沒有摩梭紙張的樂趣，植物纖維的溫柔被金屬和塑膠的冷硬所替代，白紙黑字的沉默穩重變成浮於表面的聲色，這樣的「閱讀」還有意思嗎？李敖說他最快樂的事情是在圖書館裡，憑著一個靈敏的鼻子判斷每一本書印刷自哪個年代，這對後來人簡直就是神話。

在中世紀的歐洲，西班牙國王在陽臺上看到一個小孩子手裡捧著一本書笑得前仰後合，高興地說：「他一定是在看《唐吉·訶德》！」這樣的風景，在現代也即將成為絕唱。

英國作家阿道斯·赫胥黎在其於 1932 年發表的《美麗新世界》中寫道：

「我所擔心的是，我們雖然沒有禁書，卻已然沒有人願意讀
書；我們雖然擁有著汪洋如海的訊息，卻日益變得被動和無
助⋯⋯」希望這樣的擔心不會成為現實。

二十七　搖擺的信仰

> 關於林語堂和基督教的分分合合，歷來人們強調其「變」，以其人生觀、思想觀的變化來論證其宗教觀的變化。而我認為林語堂一生與基督教不管離與分，都是建立在對「我」的一種追尋上，這是「不變」的。

從背叛到回歸

縱觀中國「五四」以來的文學大師，很少有人像林語堂這樣與基督教淵源如此深厚。可以毫不誇張地說，沒有基督教，就沒有林語堂。

這個問題甚至可以再往前推進一點，沒有基督教，就沒有林語堂的父親林至誠。教會挽救了林至誠，將他從最底層中解放出來，成為了一個鄉村牧師。這位偉大的父親在感恩之餘也發下宏願，要把自己的子女打造成世界上最純正的基督徒。這也是後來林至誠把林語堂送往聖約翰大學的一個重要原因，然而恰恰就是在聖約翰，林語堂開始了他對基督教的背叛之旅。童年的林語堂的確如他父親所願，虔誠地接受著主的領導。那時，他們全家每天晚上上床前，每個家庭成員都要輪流誦讀《聖經》，然後跪在凳子上各自禱告，家庭

宗教氛圍濃厚，就像林語堂說的，「我們是在一個虔誠、相愛、和諧而又良好工作秩序的家庭中長大的」。

然而，在林語堂上了聖約翰大學之後，基督教在他心裡原本牢固無比的根基卻漸漸動搖。首先是教會大學枯燥乏味的教育使生性活潑的林語堂產生了叛逆心理，考試前夕，大家都在拚命複習，林語堂卻跑到蘇州河去釣魚。那時聖約翰根本不重視中文課程，即使連續幾年中文課程考試不及格，依舊可以得到一張聖約翰大學的文憑，這對年輕的林語堂形成了巨大的刺激。而後，他開始研究中國歷史，「走一條曲線返回中國學術的研究，而且把我的基督信仰跟著拋棄」（《我的信仰》）。

從聖約翰畢業之後，林語堂到北京清華大學任教。在這裡，他有機會和真正的中國社會接觸，「古代中國的真相」徹底摧毀了他對基督教的信賴。「北京清明的藍色天空，輝煌的廟宇與宮殿及愉快而安分的人民，給人一種滿足及生活舒宜的感覺。」於是他的信念開始轉變，「人何求於上帝？有了生命的恩賜，人生在世還能求甚麼？」「在中國做一個基督徒有甚麼意義？我是在基督教的保護殼中長大的，聖約翰大學是那個殼的骨架。」在北京，林語堂如飢似渴地惡補自己的中國文化，與此同時，他越來越感覺到基督教對他的「迫害」之深，基督教使他不知道三國時代的英雄人物，不知

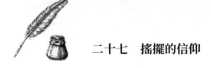

道孟姜女哭長城，憤怒之下林語堂終於宣布與基督教決裂，成為一個異教徒。

　　這一次離開，就是三十多年。直到老年時在紐約，一個偶然的機會，他聆聽了一個紐約的牧師「深刻而富有啟發性道地出基督教信仰的一個基本要點 ── 永生」，才又恢復了對基督教的信仰。

看山是山，看水是水

　　關於林語堂和基督教的分分合合，歷來人們強調其「變」，以其人生觀、思想觀的變化來論證其宗教觀的變化。而我認為林語堂一生與基督教不管離與分，都是建立在對「我」的一種追尋上，這是「不變」的。

　　童年，受父親的影響，林語堂的心裡樹立了這樣一種理念，自己所有的一切都是上帝給予的，包括他本人在內。因此「我」不屬於自己，而屬於上帝。小林語堂最常做的一件事是漫步在猶如伊甸園一般美麗的家鄉，感嘆造物主的偉大。在《我的信仰》中林語堂這樣描述自己童年的生活：「在那裡我過著非常愉快的童年 ── 靠近上帝和它的偉大創造。我所接觸的世界何等美麗，綜錯山峰上的燦爛行雲，夕陽底下的淡灰色草原，溪間流水所發出的潺潺水聲……」

　　而隨著年齡的長大，林語堂發現這個世界並沒有想像中

這麼美好。最致命的是，他越來越強烈地感覺基督教猶如鴉片一樣是西方強加給中國的東西。它的存在，使自己徹底淪為西方文明的奴隸，而失去了作為一個中國人的「自我」。而後，林語堂展開了一場靈性大旅行，並最終歸順於中國的人文主義門下。

關於中國的人文主義，林語堂在《吾國吾民》中有進一步的闡述，他將之描述為「世俗的幸福」，他喊出了「塵世是唯一的天堂」的口號。他熱情洋溢地歌頌中國人：「毫無疑問，中國人熱愛生活，熱愛這個塵世，不情願為一個渺茫的天堂而拋棄它。他們熱愛生活，熱愛這個痛苦然而卻美麗的生活。這裡，幸福的時刻總是這麼珍貴，因為他們稍縱即逝。他們熱愛生活，這個由國王和乞丐，強盜和僧侶，葬禮和婚禮與分娩與病患與夕陽與雨夜與節日飲宴與酒館喧鬧所組成的生活。」這就是令他沉醉的中國人的人文主義，在這裡面每一個「我」都是真實而觸手可摸的。林語堂再一次找到了「我」的合理位置，他認為宗教只是逃避現實的工具，他欣賞的是「人文主義」者孔子的面對現實，不立偶像。

一次，林語堂問清華同事劉大鈞：「如果我們不信上帝是天父，便不能普愛同行，行見世界大亂了，是不是這樣？」劉大鈞說：「為什麼呢？我們還可以做好人，做善人呀，只因為我們是人的緣故。做好人正是人所當做的。」林語堂頓悟，

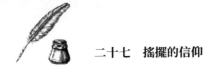

二十七　搖擺的信仰

他說：「我與基督教之最後一線關係剪斷了。」

　　林語堂再次回歸基督教已經是 1960 年代，隨著二戰的結束，世界經濟進入高速發展的年代。然而，物質生活的豐富並未使人們的精神同步發展。1950、1960 年代的美國青年被稱為垮掉的一代，迷茫的一代。

　　人在物慾橫流中漸漸迷失了自我，這一點，身在美國的林語堂也深有感觸。他極力地想用東方的哲學來挽救美國人，然而卻是徒勞的。這也促使林語堂開始反思，他又重新把目光投向上帝。

　　在《信仰之旅》中，林語堂說：「三十多年來，我唯一的宗教是人文主義，相信人有理性的指引就什麼都不假外求，而只要知識進步，世界就會自動變得更好。可是在觀察 20 世紀物質主義的進展後，我發現人類雖然日益自信，卻沒有變得更好。人越來越聰明，卻也越來越缺少在上蒼面前的虔誠謙恭。我不知不覺地逐漸轉向童年時代的基督信仰。我好像初次悟道一樣，重新發現耶穌的教訓簡明純潔得無以復加。」他認為「人類如果要繼續生存，需要接觸自身以外，比人類偉大的力量」。

　　這使我想起了牛頓，他最後的皈依上帝，在我看來並非一種迷信，而是一種孔子所說的「畏天命」，即對宇宙天地的敬畏之心，更進一步說就是一種西方式的對「天人合一」的追求。

真正的信仰

米蘭·昆德拉在《小說的藝術》中說：「如果上帝已經走了，人不再是主人，誰是主人呢？地球沒有任何主人，在空無中前進。這就是存在的不可承受之輕。」

昆德拉所說的「上帝已經走了」直指現代人的信仰危機，而對於中國人來說，這個問題尤為嚴重。有人說，中國人從來不缺信仰，但一直沒有真正的信仰。中國人只有在困境的時候才會去尋找所謂的信仰，祈求神佛拯救，並以燒香還願的方式企圖與神佛完成一筆交易。而一旦擺脫困境，馬上又變得唯我獨尊，這樣的信仰充其量只能是偽信仰。

前不久，因日本大地震引發的「搶鹽」風潮就充分暴露了國人信仰缺失的惡果，稍有風吹草動內心的脆弱就一覽無遺，人心動盪比社會動盪更可怕。帕斯卡爾曾經把人比作一顆會思想的蘆葦，沒有了思想，人將比蘆葦更脆弱。

真正的信仰應該具備兩個指向，一是引導個體學會謙卑，一是引導心靈走向強大，而這兩者本身又是相輔相成的。

看了林語堂對蘇東坡遊赤壁的解讀，不得不佩服他的匠心，在介紹東坡赤壁之遊的開始，林語堂就講到：

> 人生在宇宙中之渺小，表現得正像中國的山水畫。在山水畫裡，山水的細微處不易看出，因為已消失在水天的空白中，這

時兩個微小的人物，坐在月光下閃亮的江流上的小舟裡。由那一剎那起，讀者就失落在那種氣氛中了。（《蘇東坡傳》）

蘇東坡在赤壁大徹大悟正是基於他認識到自我的「渺小」這一點，但自我的渺小並未使他感到虛無，反而促使他謙卑地探索了生命的意義，最終打通了儒道之間的隔閡，大徹大悟，可以說，赤壁之後的蘇東坡才擁有真正的信仰，在赤壁，東坡正是由個體的謙卑走向心靈的強大。

大發明家愛迪生是一位虔誠的基督徒。在他六十多歲時，因一場火災，他的實驗室連同所有資料財產都付之一炬。

第二天，有記者採訪他：「愛迪生先生，請問你對這場火有什麼要說的？」

愛迪生說：「感謝神，這場火把我許多年的錯誤都燒光了。」

記者一愣，隨即帶點狡獪的問道：「既然神對你這麼好，為什麼不把你耳聾治好呢？」

愛迪生說：「不！感謝神，正因我有聾的耳朵，才能獨立於世界噪雜的聲音之外，專心於自己的研究。」

這樣的愛迪生，實在強大的令人不可思議，他就是神，神就是他。

二十八　性格雙城

北京和上海的比較，一直以來都是中國人津津樂道的問題，熟識這兩座城市的林語堂對此也有自己的真知灼見，我們且來聽聽他的說法。

京滬歲月

在中國，除了自己的家鄉之外，上海和北京這兩個城市對林語堂的重要性不言而喻，同樣對大部分現代中國作家也是如此。如果再細比這兩個城市，上海對林語堂的「眷顧」似乎要遠遠超過北京。

林語堂在上海的聖約翰大學度過了四年的大學時光，假如沒有在聖約翰接受到當時中國最好的英文教育，恐怕也就沒有後來「腳踏東西文化」的林語堂。林語堂在聖約翰傑出的表現傳到了附近的聖瑪利亞女校，其未來的妻子廖翠鳳聽說後對他心生仰慕，這也成為他們倆緣分的導火線，可以說，上海又間接給了林語堂婚姻。

此後，於 1927 年到 1936 年，林語堂又在上海居住了將近十年的時間，這期間，他真正成為了一個名利雙收的大作家，創辦《論語》等刊物讓他名聲大噪，《開明英文讀本》

等的出版又讓他財利滾滾，包容萬象而又氣象萬千的大上海讓林語堂成了振臂一呼天下響應的英雄。

1936 年，受賽珍珠之邀，林語堂帶著一種功成身退的成就感離滬赴美，當時碼頭上幾十名各界人士拿著花籃為他送行，讓他感受到無限榮光。

反觀北京，林語堂在這座城市待的時間不足上海的一半，留下的不堪回憶卻何止上海的一倍？彼時的北平尚處於北洋軍閥的統治之下，軍閥的腐敗和專制讓林語堂觸目驚心，反動政府槍殺請願學生更是給林語堂一生留下難以磨滅的印象。

相比上海，林語堂離開北京的方式也有點「灰溜溜」，據林語堂《自傳》自述，1926 年，狗肉將軍張宗昌長驅入北平，槍殺兩個最勇敢的記者（邵飄萍和林白水）。同時又有五十個長期與軍閥鬥爭的教授進入黑名單，林語堂就是其中之一。消息傳出後，林語堂帶著家眷東躲西藏，並在一個早上拖家帶口悄然離開北京。在北京的歲月裡，林語堂最為人稱道的成績只是加入《語絲》戰鬥，並被魯迅引為「革命同志」，可惜這充其量只是在別人的旗幟下搖旗吶喊，比起在上海的自成一家境界迥然而異。

然而，令人詫異的是，對林語堂百般眷顧的上海在他眼裡竟然猶如地獄，他不斷地批判上海，痛罵上海，彷彿這是

一個欠了他很多錢的無賴，就連他的女兒林太乙在許多年後回憶父親時也感嘆道：「父親憎惡上海。」而北京，這個毫不留情地把林語堂掃地出門的城市，反過來在林語堂眼裡成了天堂，他不僅寫了《動人的北平》、《輝煌的北京》等作品來歌頌這座城市，而且在言談舉止中處處表現出了對這座城市的偏愛，乃至於他最重要的小說要寫「京華煙雲」而不是「滬上風雲」。

性格雙城

時人研究林語堂對京滬兩座城市的愛憎，最後總要總結到文化二字。而我個人認為，文化這樣的字眼未免有點小題大做，我更願意從性格的角度來解讀林語堂對待雙城態度的由來。

林語堂熱愛北京的「慢」而厭惡上海的「快」，在他眼裡，北京是自然的而上海卻是功利的。

「在北京城的生活上，人的因素最為重要。北京的男女老幼說話的腔調上，都顯而易見的平靜安閒，就足以證明此種人文與生活的舒適愉快。因為說話的腔調兒，就是全民精神上的聲音。」北京人的悠閒讓林語堂頗為欣賞，他在《京華煙雲》裡把北京描述為一個田園與都市的合體，「在北京，人生活在文化之中，卻同時又生活在大自然之內，城市生活極高度之舒

適與園林生活之美，融合為一體，保存而未失，猶如在有理想的城市，頭腦思想得到刺激，心靈情緒得到安靜」。

　　田園的北京，安靜的可以聽到花開的聲音，這裡的人們從不快步疾走，甚至連黃包車伕在拉車的時候也要彼此邊走邊開玩笑。北京人安逸而又知足，他們在四合院裡種上花，提著鳥籠和鳥兒一起漫步，地上有落葉也不一定及時打掃，坐在竹椅上或是杉樹下的籐椅上，喝一下午的茶才悠然回家，這樣的生活讓崇尚慢節奏的林語堂大呼過癮。

　　而此時的上海，籠罩在「遠東第一大城市」以及「冒險家的樂園」的光環下，十里洋場鶯歌燕舞，物慾橫流。無數從全國乃至世界各地匯聚到上海的人們熙熙攘攘，腳步匆匆，為了追逐名和利甚至沒有時間坐下來喝一杯茶。對此，林語堂在《上海頌》裡面略帶驚慌地描寫道：

> 上海是可怕的，非常可怕。上海的可怕，在它那東西方的下流的奇怪混合，在它那浮面的虛飾，在它那赤裸裸而無遮蓋的金錢崇拜，在它那空虛，平凡，與低級趣味。上海的可怕，在它那不自然的女人，非人的勞力，乏生氣的報紙，沒資本的銀行，以及無國家觀念的人。上海是可怕的，可怕在它的偉大或卑弱，可怕在它的畸形，邪惡，與矯浮，可怕在它的歡樂與宴會，以及在它的眼淚，苦楚，與墮落，可怕在它那高聳在黃浦江畔的宏偉而不動搖的石砌大廈，以及靠著垃圾桶裡的殘餘以苟延生命的貧民棚屋。

此外，林語堂熱愛北京的「和」而厭惡上海的「亂」，在他眼裡，北京是和諧有序的，而上海卻一團亂糟糟。

在《動人的北平》裡，林語堂描述北京的一團和氣：

穿高跟鞋的摩登女郎與著木屐的東北老嫗並肩而行，北平卻不理這回事。鬍鬚蒼白的畫家，住在大學生公寓的對面，北平也不理這回事。新式汽車與洋車、驢車媲美，北平也不理這回事。在高聳的北京飯店後面，一條小路上的人過著一千年來未變的生活，誰去理那回事？離協和醫院一箭之地，有些舊式的古玩鋪，古玩商人抽著水煙袋，仍然沿用舊法去營業，誰去理那回事？穿衣盡可隨便，吃飯任擇餐館，隨意樂其所好，暢情欣賞美山 —— 誰來理你？

在北京，達官貴人和引車賣漿者彼此相得益彰，旗袍和西裝並行不悖，古典與現代共存，高雅和低俗同列，這樣的北京包容萬象，每個人都可以選擇合適而感興趣的活法，以至於林語堂認為任何一個人在北京住上一年半載就無法離開它了。

而在上海，到處可見的卻是一幅光怪陸離的景象，聲色犬馬之徒橫行其道，人們為了利益互相傾軋、爾虞我詐。在這裡，林語堂看到的是趾高氣揚的外國人，肥頭胖耳的銀行家，狐假虎威的洋場買辦，油嘴滑舌的旅館茶房，滿身脂粉氣的小開，以及越來越排外的新上海人。亂世容易出英雄，也容易出流氓，而這兩者在上海往往又合二為一。這樣的上

海是賭徒、政治家、商人、投機者的至愛，而在崇尚單純的林語堂看來卻是糟糕之至。

在林語堂的眼裡，北京像一個歷盡人世滄桑的老頭，他飽經風霜而能夠洞察世界，他老成溫厚，與世無爭而又帶著幾分超脫老滑，他因循守舊但卻因此能知足常樂，這也正是林語堂所一直讚賞的中國人的性格。而上海，簡直是一個不知天高地厚的莽撞小夥，他進取心十足，卻在名利面前迷失自我，不知所措；他對生命有極高的熱情，卻輕率，浮躁，對天地缺少應有的敬畏之心，不夠厚重；他渾身上下充滿了力量，卻也因此躁動不安，被慾望所俘虜。

後記：今日北京

林語堂所描述的田園而詩意的北京，在許多現代作家的筆下我們都可以發現其蹤影，老舍、郁達夫、梁實秋等人都不吝筆墨歌頌了這樣一個適合生活而又充滿情調的老北京，令我們重溫他們筆下的北京時都會充滿一股悠然嚮往之情。然而，這些大師若能重生，再回今日之北京，必被氣得七竅流血。林語堂更是無法預料，今日之新北京與他筆下昨日之老上海何其相像！

塞車場景在今天的北京並不罕見。如今的北京已不見了林語堂筆下的田園氣息，取而代之的是撲面而來的油煙味。

當四合院和胡同漸漸被鋼筋水泥的高樓大廈所替代，當馬車和驢車變成現代化的汽車，當老外可以坐在故宮裡喝咖啡，當行色匆匆的人群閃過音樂廳和博物館，我們發現，如今的北京城已經失去它的韻味和特質，漸漸被現代文明所同化，只剩下一些歷史的骨架還在苟延殘喘。

何止是北京，如今的整個中國都有變成停車場和工地的趨勢，全國各地都籠罩在一片拆舊蓋新的亢奮情緒中，一座座規劃中的新城正在拔地而起，誰也不在乎它們會不會在某一天變成傳說中的「鬼城」。

與此同時，西方國家的人們正在倡導和推行一種環保的上班方式，鼓勵大家用走路和自行車代替四個輪子的汽車，前者正在成為發達國家一種新的時尚。

事實上，現在的中國人越來越像當年林語堂所批判的美國人，而現在的美國人卻越來越像當年林語堂所歌頌的中國人。

二十九　印象・美國

作為一個東方悠閒主義的倡導者，林語堂對美國人忙忙碌碌的人生深表同情，為此他甚至不惜採用一種「先知式幻覺」幻想「一千年以後」美國人返璞歸真的悠閒生活。

不入美籍

在許多身居美國的華人為了一張綠卡而苦苦奮鬥的時候，在美國居住 30 年，以其條件完全夠資格成為美國公民的林語堂卻始終沒有加入美國國籍，並且在美國的很長一段日記裡林語堂都過著租房的生活。對此，他解釋說：「在美國住了二三十年公寓式的樓房，遊子心與高高在上的住屋一樣，老有凌空找不著根的感覺。許多人勸我們入美國籍，我說這兒不是落根的地方；因此，我們寧願年年月月付房租，不肯去買下一幢房子。」

當看到林語堂 30 年拒絕加入美國籍的故事，我們的第一反應是將它作為愛國主義的例子品讀。而我認為，愛國固然不可否認，但我們也不妨再從其他方面找一下原因。愛國可以不入美國籍，但不一定拒絕購買美國的房子，況且以林語堂暢銷書作家的經濟實力完全付得起美國的一座獨棟別墅。

住自己的房子無論怎麼樣都要比住別人的房子自在和自由的多，林語堂不會不考慮到這一點。

在一座城市有足夠的經濟能力購買一座房子，卻將租房作為第一選擇，其最大的可能性就是他一直都在做離開的準備。只不過對於林語堂來說，這個準備太長了，竟然達到了驚人的 30 年。事實上，這 30 年中，林語堂從未真正地融入美國社會，就像他從來不喜歡穿西裝一樣。美國的發達建立在一種理性的基礎上，而林語堂所安身立命的東方哲學卻偏重於感性，這兩者始終格格不合，以至於林語堂一直都在為逃離美國做準備，一旦時機成熟，他就輕裝出發。

無獨有偶，喜劇大師卓別林在美國待的時間比林語堂還要長 10 年，他也一直不肯加入美國籍，以至於美國當局懷疑他是共產主義者，在他 1952 年遊歐時限制其返回美國，卓別林「不得不」在歐洲度過了後半生。

在傾其半生經歷所寫的回憶錄《卓別林自傳》中，卓別林回憶道，在他離美後，有一次朋友問他：「可想念美國嗎？可想念紐約嗎？」卓別林回答：「老實說，我不想念那些地方。美國改變了，紐約也改變了。規模龐大的工業組織機構，以及報刊、電視和商業廣告，已經完全使我和美國生活方式格格不入了。我需要的是另一種絕對不同的生活方式，一種具有更樸素的人情味的生活方式，而不是那些繁華熱鬧

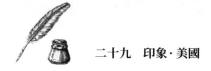

的通衢，高聳入雲的大廈，因為，一看見這些東西，我就會想起龐大的商業和它那些壓倒一世的成就。」

其實，林語堂不入他國國籍早在他定居美國之前就有「前科」了。不想念美國無關政治，只是因為這個地方不具備一種「樸素的人情味」，或者說人各有志罷了。這樣簡單的回答可能我們中國讀者很難接受，但事實就是如此。

1922年，獲得哈佛大學的碩士學位後，林語堂轉到德國的萊比錫大學攻讀語言學博士。林語堂快畢業時，廖翠鳳正懷著長女，依德國的法律只要出生在德國本土的孩子就可以自動成為德國公民。但林語堂卻並不希望如此，他對妻子說：「我們還是回家去，否則孩子將要成為德國人。」

第二天早上，他們就買了回國的船票，動身的前一天林語堂剛參加了博士學位的考試，廖翠鳳擔心丈夫不能獲得學位，焦慮萬分。還好整件事情有驚無險，這一天早上十點鐘廖翠鳳在道旁等待，教授伴著林語堂前來，告訴廖翠鳳其夫已榮膺博士銜了，廖翠鳳激動地在大街上當眾親吻了林語堂。

林眼看美國

寓美 30 年，林語堂對美國最直觀的感覺是：方便但不舒服。在林語堂寫的英文小說《唐人街》當中，他用細膩的筆觸描繪了一個華人（湯姆）初到美國時那種好奇和新鮮的感覺：「電梯真是一件有趣的美國東西，電梯一直往上升，他們卻站著不動，彷彿是坐在轎子裡飛上天去了。」「美國有些餐館沒有任何侍者，你只要在投幣口投下一個硬幣，就可以看到一隻烤的焦黃的雞跳了出來。」

美國機械文明的發達，使林語堂在大開眼界的同時也體驗了其方便性，他由衷地讚嘆電梯、汽車、道地車（地鐵）、抽水馬桶這些給人們帶來方便的發明。然而，林語堂很快也發現了其中的弊端，「長途驅車，擠得水洩不通，來龍去馬，成長蛇陣，把你擠在中間，何嘗逍遙自在，既不逍遙自在，何以言遊？一不小心性命攸關，何以舒服？」「道地車，轟而開，轟而止。車一停，大家蜂擁而入，蜂擁而出。人浮於座位，於是齊立。你靠著我，我靠著你，前為伧夫之背，後為小姐之胸。小姐香水，隱隱可聞，大漢臭汗，撲鼻欲嘔。當此之時，汽笛如雷，車馳電掣，你跟著東搖西擺，栽前撲後，真真難逃乎天地之間。然四十二街至八十六街，二英里餘，五分鐘可達，分毫不爽，方便則有，舒服則未必。」（《我居紐約》）

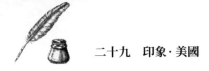

　　林語堂所謂的「舒服」主要是從人性化和人情味這兩方面考量的。美國製造了先進的機器，把人解放了出來，但機器畢竟是冷漠而冰涼的，你很難和它找到共同語言，時間久了更容易產生厭煩的心理，這大概就是林語堂對美國文明不滿的地方。

　　林語堂對美國另外一個不滿意的地方，是美國人的生活節奏太快，他認為：「講究效率，講究準時，及希望事業成功，似乎是美國人的三大惡習。美國人之所以不快樂，那麼神經過敏，原因是因為這三件東西在作祟」（《美國三大惡習》），從這一點來看，林語堂可能和埃及人更投緣，在埃及你約一個人遲到一小時可能都是提前到場。

　　作為一個東方悠閒主義的倡導者，林語堂對美國人這種忙忙碌碌的人生深表同情，為此他甚至不惜採用一種「先知式幻覺」幻想「一千年以後」美國人返璞歸真的悠閒生活：

　　美國的紳士們或許都披上了長袍，著上了拖鞋，要是學不會像中國人的模樣將兩手縮在袖中呢，那麼將兩手插在褲袋內，在百老匯大街上踱方步。十字路口的警察同踱方步的人搭訕，車水馬龍的馬路中，開車者相遇，大家來寒暄一番，互問他們祖母的健康。有人在他店門口刷牙，一邊卻叨叨地向他鄰人談笑，偶然還有個自稱為滿腹經綸的學者跟跟蹌蹌地走路，袖子裡塞著一本連角都卷的爛書。午館店的櫃檯拆除了，自動飲食店裡低矮而有彈力的安樂椅子增多了，以供

來賓的休息。有一些人則會到咖啡店去坐上一個下午，半個鐘頭才喝完一杯橘汁，喝酒也不再是一口氣地灌上一大杯，而是沾唇細酌，品味談天，體會其中無窮的樂趣。病人登記的辦法取消了，「急症房」也廢除掉，病人同醫生可以討論人生哲學。救火車變得像蝸牛那樣地笨，慢慢地爬著，救火人員將會跳下車來，賞識人們的吵架，他們是為了空中飛雁的數目而引起的。（《美國三大惡習》）

這樣的文字，相信美國人讀了之後一定心有戚戚焉，這也是《生活的藝術》能在美國名列暢銷書榜首的原因。問題是，一千年後的美國人我們還不知道會變成什麼樣，但幾十年後的中國人已經變得比美國人更加忙碌了，這估計也是當年的林語堂所意想不到的吧！

當然，美國以「美」為名，她的美是不能抹殺的。在林語堂看來，紐約中央公園中的花崗石和小栗鼠，少女們好聽的喚栗鼠的口哨聲，容貌純潔的年輕母親推著嬰兒車子走著，甜美的布本克梨和香噴噴的美國蘋果，壯麗的美國菊花，這些都是令人陶醉的東西。

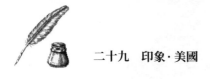

後記：中國味

李敖說，在近代中國，用英文寫作能引起外國人注意的中國人只有三個，一個是辜鴻銘，一個是林語堂，一個是蔣彝，其中蔣彝遠不能跟辜林二人相提並論，而三人中又屬林語堂寫作的時間最久，影響最大。

有趣的是，以自己的寫作影響了美國人的林語堂卻始終沒有受到美國人同等的影響。晚年林語堂定居臺灣，和與他同齡的史學大師錢穆成為至交好友。林家和錢家在臺北相距不遠，兩家時常來往，據錢穆的夫人胡美琦回憶道：「相熟以後，我從沒感到他們（林語堂夫婦）帶有洋味，交往愈久，愈覺得他們是道地的中國味。」（《林語堂與錢穆一家的交往》）林語堂身上這種「中國味」源於其高度的民族自信力。林語堂的女兒林太乙記得，在去美國的途中，父親曾對她說：「我們在外國，不要忘記自己是中國人，外國人的文化與我們不同，你可以學他們的長處，但絕對不要因為他們笑你與他們不同，而覺得自卑，因為我們的文明比他們悠久而優美。」

正是具備了這種高度的民族自信力，林語堂才能源源不斷地從本民族的文化中吸取精華，進而練成高深的「內力」，在高手如林中擁有自己的一席之地。

三十　小品人生

有人說林語堂是獨步文壇的幽默大師，有人認為林語堂是不入流的小品文作家。其實，就小品文而言，這不僅是林語堂的創作，「小品」二字亦是其人生態度。而就林語堂看來，「小品」的人生未始不能活出大境界。

小也是一種境界

王國維在《人間詞話》裡說道：「境界有大小，然不以是而分高下。『細雨魚兒出，微風燕子斜』，何遽不若『落日照大旗，馬鳴風蕭蕭』。『寶簾閒掛小銀鉤』，何遽不若『霧失樓臺，月迷津渡』也。」

在林語堂的《自傳》中，回憶了一件他童年上學時的趣事。有一次林語堂寫作文，老師在旁邊給他下了幾個字的批語：「如巨蟒行小徑」，這幾個字換成通俗一點的話來講其實就是「狗屁不通」。林語堂看了之後，也在旁邊回敬了一句，湊成一對——「似小蚓過荒原」，把授課的老夫子氣的吹鬍子瞪眼說不出話來，這成了林語堂人生中的得意之作。

笑過之後，我們再來看這幅對聯，發現這裡面竟然神奇地蘊含了兩種人生的走法。在這個世界上，許多人都幻想自

己能成為一條巨蟒，一出行威風八面，萬眾矚目，聲勢浩大，卻沒曾想自己過於龐大的體積對行動是個巨大的阻礙，一不小心闖入小徑，動彈不得，叫天不靈叫地不應，這個時候再感嘆環境的無情已經為時晚矣。

睿智者如林語堂則把自己看成一條小蚯蚓，對於巨蟒來說再寬闊的路都是狹窄的，而對於小蚓來說再狹窄的路都是寬闊的。這樣，你的生命雖然不偉大，不張揚，你的視野卻可以變得更加寬廣。人生的道路你可以來去自如，何其愜意！

這樣的人生觀，在林語堂名揚天下之後表現的愈加明顯。林語堂在美國出版《生活的藝術》後，一下子成為明星，擁有了一大批瘋狂的粉絲。其中有裸奔的男粉絲，也有性騷擾的女粉絲，無數熱情洋溢的信從各地飛到林語堂家中，在西方掀起了一股「林語堂熱」。

但林語堂自己從來不把自己當成一個名人，有一天，一個以前在北大一起執教的同事來看他，一進門就嚷道：「語堂，我來看看你變成什麼樣子了！」林語堂氣得差點就要關門謝客，老朋友這才發現自己的失言，連忙賠不是。

巴西有個貴婦人，很仰慕林語堂，為此甚至將自己的愛馬改名為「林語堂」。後來，這匹馬去參加賽馬比賽，卻未能取得任何成績。當晚，巴西的主流媒體以「林語堂名落孫

山！」的醒目標題競相報導，奪標的馬本身反而被人冷落。林語堂在美國聽到了這事，眉頭一皺，說：「並不幽默！」

如果說「眾裡尋他千百度，驀然回首，那人卻在燈火闌珊處」的情景未免有幾分落寞。那眾人尋你千百度，而你卻能夠主動地在闌珊處清醒，這就是一種境界。

林語堂一直號召讓大自然來治好人類的自大症，他說：

> 人類往往易於忘卻他實在是何等的渺小無能。一個人看見一所百層大廈時，往往便會自負。治療這種自負症的，對症方法就是：將這所摩天大廈，在想像中搬置到一座渺小的土丘上去，而習成一種分辨何者是偉大，何者不是偉大的更真見解。（《論宏大》）

品味人生

在《紅樓夢》中，妙玉提出了飲茶的「三杯論」：一杯為品，二杯即是解渴的蠢物，三杯便是飲牛飲驟了。

林語堂對茶道同樣有著精闢的見解，他甚至比妙玉更加重視飲茶的過程。林語堂把烹茶的過程提高到與飲茶同等的地位，認為烹茶之樂和飲茶之樂各居其半，而真正的鑑賞家則常以親自烹茶為最大的樂趣，正如吃瓜子，你要把瓜子剝皮了賣，反而賣不出去，因為吃瓜子之樂在於「嗑」而不在於「吃」。

　　林語堂進一步將這種品茶的精神擴展到整個人生，他呼籲人們，人生短短幾十年，我們一定要懂得及時調整自己的心態，盡情的享受這「天賦的光陰」，這樣才不會辜負造物主對我們的恩賜。

　　林語堂反對人生的「目的」化，他認為終極的結果並不重要。林語堂講過一個親身經歷的趣事：有一次他在杭州玉泉遊玩時，買了一個古董銅雀瓦，付款後一本正經地告訴老闆這是假古董。老闆以為林語堂是來敲詐的，怒問：「既然是假的，你為何還要買？」林語堂一臉詭笑，身子貼近老闆，低聲道：「其實我就是專門收藏假古董的。」老闆頓時哭笑不得。

　　在旅遊景點買古董，要買到真品的機率不亞於中樂透。但林語堂明知道古董是假的情況下，還要一本正經的去買，為的就是享受那最後揶揄老闆的樂趣。這或許只是他一時的玩性突發，至於金錢的得失已經不那麼重要了。

　　林語堂在法國的時候，常見到熱情的法國戀人在公眾場所熱吻。他見了之後，常常笑嘻嘻地用法語大聲叫喊：「1、2、3、4、5、6……」統計戀人們親嘴的時間。好像接吻的不是別人，而是他自己一樣，他並不擔心因此有損自己的形象。

　　人生的樂趣在於過程，而不在於結果。那些能夠做到不計較結果，坦然享受過程的人往往懷著一顆超乎功利的赤子之心，林語堂如此，邏輯學大師金岳霖亦如此。

金岳霖十幾歲的時候，經過簡單的推理得出中國俗語「金錢如糞土，朋友值千金」最後的結論是「朋友如糞土」，這在別人眼裡看起來無聊之極的行為，卻讓他得意許久，並由此走上了研究邏輯學的道路。在西南聯大執教時，學生們不理解他為何能如此安然於邏輯學這麼枯燥之極的學問，好奇的問他：「你為什麼要搞邏輯？」金岳霖當即毫不思索的答道：「因為我覺得它很好玩！」

不僅在事業上如此，摯愛林徽因的金岳霖儘管得不到心中所愛，一生未婚。有人覺得他的情路太苦，這未免是對他的一種褻瀆，因為他從未以得到為目的。他對自己的「情敵」梁思成從來都不會「羨慕嫉妒恨」，而是衷心的祝福對方。有一次，他看到梁思成在屋頂喊他，便作了一副對聯「梁上君子，林下美人」讚美夫妻倆的天作成雙。這樣的胸懷真是光風霽月。

鍾愛晚明

林語堂身上這種品味並享受人生的精神大概來源於其所熱愛的晚明。從一個時代的收藏往往可以大略看出其時代風貌。奸相嚴嵩被抄家後，抄出的家產中僅筷子一項，就有金筷 2 雙、鑲金牙筷 1,110 雙、鑲銀牙筷 1,009 雙、象牙筷 2,691 雙、玳瑁筷 10 雙、烏木筷 6,891 雙、斑竹筷 5,931 雙、

漆筷 9,510 雙，可見嚴嵩對飲食文化的熱愛程度。

　　窺一斑而見全豹，觀滴水可知滄海。晚明，一個熱衷於享受的時代！我不知道林語堂看到《金瓶梅詞話》中的各種早中晚餐以及宴會的食譜時會不會像我一樣口水直流，但我可以肯定當感性的林語堂和感官的晚明邂逅時，一定有一種找到歸宿的感覺，就像一個小孩子來到了一個滿是玩具的世界。

　　在林語堂的觀念中，這個世界沒有「四大發明」，只有「三大發明」──

　　我以為從人類文化和快樂的觀點論起來，人類歷史中的傑出新發明，其能直接有力地有助於我們的享受空閒、友誼、社交和談天者，莫過於吸菸、飲酒、飲茶的發明。（《生活的藝術》）

　　如果林語堂能穿越時空到晚明，那他和嚴嵩肯定會一見如故，因為嚴嵩被查抄的家產中不僅有幾萬雙筷子，還有六百多張床。

　　可以想像，林語堂如果遇到嚴嵩，光睡覺這一個話題他們倆至少都得促膝長談好幾天。因為，林語堂本身對睡覺的藝術也有深刻的研究，這一點，我們從他的《安臥眠床》一文就可以看出來。

　　晚明人的高明之處，在於他們不僅專注於感官的享受，還能遵從儒家「三不朽」中的「立言」原則，用細膩的筆觸

把他們的所見所聞所感記錄下來，讓生活中的享受可以超越他們的肉體而不朽。以飲酒為例，劉伶、李白都是一流的飲者和酒徒，酒量也著實讓我們欽佩。但是酒進入他們的身體都與舌頭無關，而是直接進入了喉嚨，反而是酒量一般的袁宏道寫出了論酒的《觴政》。曠世才子蘇東坡亦是愛花之人，他曾經半夜拿著蠟燭欣賞海棠，「只恐夜深花睡去，故燒高燭照紅妝」，但終於沒有像袁中郎一樣寫出《瓶史》，把這種欣賞上升到理論高度；而歷經明清鼎革之際的張岱和李漁在《陶庵夢憶》和《閒情偶寄》中，更是為空前絕後的晚明茶文化和飲食文化劃上了一個優美而又傷感的休止符。

我想，晚明人的這種享受中不忘追求藝術的精神，大概是驅使林語堂寫出《生活的藝術》的最大源動力吧。

三十一　左手孔子，右手老子

> 林語堂有句名言：「我們大家都是天生一半道家主義者和一半儒家主義者。」在我們的人生中，打通這兩半部分，使其合二為一，具有非同尋常的意義，就像武俠小說中，高手與庸人的差別往往就在於你有沒有打通自己的任督二脈。

孔子在雨中歌唱

　　林語堂說：「儘管孔子缺點難免，言行不一，經常疏忽大意，但他不失為一位富有魅力的人物。其魅力在於他具有強烈的人情味和幽默感。」人情味和幽默感，這兩點長期游離於孔子的經典形象之外，但這卻是林語堂對孔子發出強烈認同感的原因。

　　林語堂為我們重新勾勒了兩個孔子的形象，一個是見南子時在道與欲之間掙扎的孔子，一個是困於陳蔡之間惶惶如喪家之犬卻在雨中歌唱的孔子，一個表現了孔子的人情味，一個表現了孔子的幽默感，前者見於其歷史劇《子見南子》，後者見於其散文《孔子在雨中歌唱》。雖然前者的影響遠遠大於後者，甚至引起了一場軒然大波，但其所反應的只不過是一個脫去聖人馬甲的具有七情六慾的普通人，相比之

下，在雨中歌唱的孔子帶給我們的感動要遠遠大於前者，因為其代表的是一個經過人生洗禮之後大徹大悟的孔子。

正如林語堂所說的那樣：

孔子在雨中歌唱，誰能不為雨中高歌者所感動？他在那裡，帶著弟子漂泊荒野，無計可施，無路可走，像一群難以言狀的叫花子或流浪漢，「匪兕匪虎，匪魚匪肉，亦匪美味熏鯡」。但他仍會開開玩笑。他沒有憤怒的情緒。

我不明白，中國畫家為什麼不繪出一幅最能表現孔子其人的荒野圖。（《孔子在雨中歌唱》）

林語堂費盡苦心的把孔子從神壇上請下來，讓他在生活中與我們對話，這樣的孔子可觸可感，我們不再敬而遠之，對孔子的理解也將更加深入和透徹，這也是「五四」為我們做出的一大貢獻。然而，到了今天，前人所做的努力卻很有可能功虧一簣，因為我們正在做著截然相反的工作，孔子繼漢代之後正再一次被請上神壇。

祭孔典禮不僅僅發生於曲阜，現在許多地方都興這一套。其形式大同小異，一些現代人穿上仿古的衣冠，請一隊鼓樂手吹拉彈唱，再整一幫小孩子誦讀古代經典，有些地方還要對著孔子像行三叩九拜大禮。這些已經被簡化和改良的祭孔形式今天又重新活躍起來。總之，形式搞得越隆重越好，氣氛搞得越神聖越好，而官員們在這種氛圍中也漸漸的

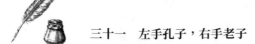

飄飄然起來，自認為傳統文化已經在自己的手中得到了振興，百姓也受到了莫大的教化。

問題是，這些參加祭孔的人，有幾個人從頭到尾的讀過孔子的《論語》，又有幾個人真正理解孔子的禮樂思想？祭孔，不應該只是一場喧囂的表演，對現在人來說，應該有更高的精神高度。

最令人擔心的是孔子這種雨中歌唱的精神在現代的流失，現在能夠在雨中歌唱的恐怕只有乞丐和勞工了。

老莊吹來的田野氣息

在《老子的智慧》一書的緒論中，林語堂富有創造力的將儒道兩家的區別概括為都市哲學與田野哲學的區別。他說：

> 一個摩登的孔教徒大概將取飲城市給照的 A 字消毒牛奶，而道教徒則將自農夫乳桶內取飲鄉村鮮牛奶。因為老子對於城市照會，消毒措施，A 字甲級等等，必然將一例深致懷疑，而這種城市牛奶的氣味將不復存天然的乳酪香味，反而氤氳著重大銅臭氣。誰嘗了農家的鮮牛奶，誰會不首肯老子的意見或許是對的呢？因為你的衛生官員可以防護你的牛奶免除傷寒菌，卻不能防免文明的蠹蟲。（《老子的智慧》）

林語堂論老子的話在我們今天看來相當有先見之明，如果按照老子的田野哲學生活，我們今天就不會遭受三聚氰胺

和瘦肉精的危害，因為加了三聚氰胺的牛奶和餵養瘦肉精的生豬都是按照都市人的標準而人為操作的，一個生活在蒙古草原的牧人絕對不會存在這樣的顧慮。

林語堂認為，老子給我們吹來的田野之風，是一種自然主義的思想，也是一種「天然的浪漫思想」。

林語堂在論老子的智慧時，前所未有的採用了「以莊解老」的方式，理性的老子與善於講故事的莊子一結合，馬上散發出迷人的氣息，使原本枯澀的文字立即變得血肉豐滿。

莊子跟我們講述了這樣一件趣事：有一天，他在濮水邊釣魚，楚威王派兩位大夫請他出來為官，莊子手持釣魚竿，正眼不瞧兩人一眼，說：「我聽說楚國有一隻神龜，死的時候已經三千歲了，楚王用錦緞將牠包好放在竹匣中珍藏在宗廟的殿堂上。我問你們，這隻神龜寧願死去以便留下骨骸而顯示尊貴呢？還是寧願活著拖著尾巴在泥土中爬行呢？」兩人回答：「那當然是選擇活著拖著尾巴在泥土中爬行。」莊子說：「你們可以走了！我還是喜歡做一隻在爛泥裡快活地搖著尾巴的烏龜。」

莊子是明智的，在看起來美妙的「天空」和泥濘的「土地」面前，他毫不猶豫選擇了後者，因為他知道只有泥土才是真實而有生命力的。貼近泥土，意味著親近自然，而只有自然，才能帶給我們真正的自由。

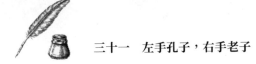

傑克‧倫敦的名作《荒野的呼喚》描寫了一條名叫巴克的狼狗一步步地叛棄罪惡的人類文明社會，重新投向荒野的懷抱的過程。當我們都只知道狼可以變成狗時，傑克‧倫敦筆下的狗變成狼的過程卻給我們心靈帶來巨大的震撼。在閱讀完這本名著後，一種來自遠古和荒野中的呼喚可以讓你我的血液沸騰。巴克的狼狗身分其實是對人類自身屬性的一種暗示和提醒，而巴克最終投身荒野則體現了一種關於人類發展的生態理想 —— 人類總有一天也會聽到來自大自然的呼喚，回歸古樸純真的生活，回歸自然。

這也是林語堂所一直期待的。

儒道互補

林語堂有句名言：「我們大家都是天生一半道家主義者和一半儒家主義者。」在我們的人生中，打通這兩半部分，使其合二為一，具有非同尋常的意義，就像武俠小說中，高手與庸手的差別往往就在於你有沒有打通自己的任督二脈。

儒道互補一直都是歷代中國知識分子追求的目標，其精義在於一張一弛，人生就像一條弦，太鬆了起不到作用，太緊了又容易崩斷，所以張弛並用才是最合理的處世之道。儒家與道家分別代表了「人世」與「出世」的人生態度，而要在一生中做到這兩者的平衡，即使是大智慧者有時也很難為之。

　　林語堂舉了梁漱溟的例子為證，梁漱溟「本來是一個佛教徒，隱棲山林間，與塵界相隔絕；後來卻恢復孔子哲學的思想，重新結婚，組織家庭，跑到山東埋頭從事鄉村教育工作。」（《老子的智慧》）而被林語堂稱為「我們時代裡最有才華的幾位天才之一」的李叔同則恰恰相反，未出家前他是有名的翩翩公子，在多個藝術領域都有驚人的造詣，卻於39歲正當有為之際選擇了拋妻棄家，入杭州虎跑寺削髮為僧，法號弘一。

　　具體到我們個人，更重要的是如何學會正確的處理工作與生活的關係。在1960年的義大利羅馬奧運會公路自行車賽上發生了這樣一件趣事，義大利選手安東尼奧‧巴依雷蒂右腿被黃蜂蜇了一下，而後這隻黃蜂像跟他有深仇大恨一樣不依不饒地追著他，嚇得安東尼奧‧巴依雷蒂拚命的加速，最後竟因此奪冠。這個故事被很多人作為經典的例子引用來證明壓力可以轉化為動力。

　　而我想說的是，奪冠固然是好事，但如果這隻黃蜂在賽後繼續跟著你，你會怎麼辦？是繼續跑呢？還是停下來將黃蜂拍死？除了傻瓜，所有人都會選擇後者。但問題是，我們很多人在實際生活中卻往往選擇了前者，最終把自己活活折騰死了。

　　前面的故事其實還有一個更有趣的結尾，只是一直以來被我們給忽略了。巴依雷蒂通過終點後把黃蜂拍死了，但他

想到奪冠實在有賴於黃蜂的「激勵」，於是又把黃蜂撿起，後來他給黃蜂做了一隻精美的木匣，與自己的奧運會金牌放在一起保存。

　　林語堂認為儒教代表了中國人的工作狀態，而道教則代表了中國人的遊戲狀態，儒道互補才是最完整最完美的生存之道。

三十二　完美世界

從一個受精卵成為一個人，這本身就是一個奇蹟，但很少有人對身邊的一切滿意過，「世上不如意事十之八九」也成了眾生的口頭禪。對此，林語堂號召我們應該回歸「獸性」。

世無惡人

在《蘇東坡傳》的序言裡，林語堂記載了東坡對其弟子由說過的話：「吾上可陪玉皇大帝，下可陪卑田院乞兒。眼前見天下無一個不是好人。」林語堂說這其實就是東坡的自況，而這又何嘗不是林語堂的自況，就像他的女兒說的那樣：「父親心目中無惡人，信賴任何人。」

林語堂在上海的時候雇了一個聽差和一個廚子，這兩人品行都有點不端，但是林語堂卻對他們特別欣賞。聽差名喚阿經，林語堂僱傭他的理由是這個人有點小聰明，他會補抽水馬桶的浮球，修電鈴，接保險絲，而且無師自通學會了幾句洋涇浜樣英語，比如「Mr.Lin not at home」，這在林語堂看來無異於一個天才。林語堂為此甚至想資助阿經上學，為中國培養一個諾貝爾獎得主。不料，阿經心術不正，對學習根本沒有興趣，只好作罷。

　　阿經後來在林家幹了許多見不得人的勾當。有一次，他在擦桌子的時候打破了一座瓷馬，為了逃避責任，他悄悄地把碎片埋在花園裡，騙家裡人說瓷馬被風吹倒。這一謊言被精明的廖翠鳳識破了，阿經被押到花園裡，在眾目睽睽之下挖出了掩埋的瓷馬，那樣子就像一個盜墓賊被公審一樣。然而林語堂欣賞阿經的才藝，認為天才都喜歡搞點惡作劇，還是把他從輕發落了。見主人如此縱容他，阿經膽子漸漸大了起來，他乾脆勾結林家的女傭把家裡的銀器偷出去賣錢，直到有一天被警察發現鋃鐺入獄，林語堂才恍然大悟。但林語堂並不為銀器可惜，而是感嘆一個天才的墮落。

　　至於廚子，小孩子都稱他為大師傅。大師傅燒得一手好菜，很得林語堂的歡心。但是大師傅泡妞的技術比他做菜的技術還高，沒過幾天就把洗衣服的女傭人勾搭上了。廚子整天舞刀弄棒的，大概因此賊膽包天。這一天廖翠鳳有事提前回家，走到自己房門口聽到裡面有「鶯歌燕語」的聲音傳出，感覺不大對勁，急忙打開房門一看，不得了，大師傅竟然和女傭在裡面「實彈演習」！這一下差點把廢翠鳳氣得元神出竅，當場就要辭退二人。

　　然而林語堂捨不得大師傅做的佳餚，千方百計替他求情。廖翠鳳無奈，只好採取了一個折中的辦法，辭掉洗衣婦，再把大師傅的老婆從鄉下接過來接任洗衣婦的位置，這

下大師傅塞翁失馬，不賠反賺。大師傅的老婆來了以後，大師傅偷腥的事情沒有了，不過夫妻倆整天為了一些雞毛蒜皮的事情吵的不可開交乃至拳腳相向，把林家搞的雞犬不寧，直到林語堂赴美才落了個六根清淨。

　　郁達夫說：「林語堂實在是一位天性純厚的真正英美式的紳士，他絕不疑心人有意說出的不關緊要的謊言。」魯迅和許廣平在上海同居之初，並沒有向外界坦誠二人的關係。有一天，林語堂與郁達夫同去拜訪魯迅後，林語堂懷疑兩人關係有點「曖昧」，就此事詢問郁達夫。郁達夫當時已經心知肚明，但是他想戲弄一下老實的林語堂，故意一臉嚴肅：「我可看不出有什麼不尋常。」林語堂信以為真，直到魯迅的兒子周海嬰出生時，才恍然大悟，笑著對郁達夫說：「你這個人真壞！」

獸性的滿足

　　弘一法師晚年把生活與修行結合起來，日子隨遇而安。一天，他的至交好友夏丏尊來拜訪他，見他吃飯時只配一道鹹菜，夏丏尊於心不忍地問道：「只吃鹹菜不會太鹹嗎？」弘一法師答：「鹹有鹹的味道。」吃完飯後，弘一法師倒了一杯白開水喝，夏丏尊見此又問道：「沒有茶葉嗎？每天喝白開水不會太淡嗎？」弘一大師笑道：「淡也有淡的味道。」

　　夏丏尊後來追憶此事，感嘆在法師眼裡世界上什麼都是好的。在寧波七塔寺他讚美那裡的通鋪睡覺踏實，住破爛不堪的小旅館他覺得這裡沒有閒人打擾，有都市裡難得的安逸。在別人眼中的垃圾、廢物，到了法師眼中往往就成了無上珍品。夏丏尊認為這大概就是弘一法師的慧眼吧，為凡人所不及。

　　如何看待生我們養我們的世界，林語堂同樣有自己的一雙慧眼。他的觀點剛一聽讓人有點乍舌，他認為一個人應該對這個世界帶著一種「獸性的滿足」：

> 在道家和儒家兩方面，最後都以為哲學的結論和它的最高理想，即必須對自然完全理解，以及必須和自然和諧；如果要用一個名詞以便分類的話，我們可以把這種哲學稱為『合理的自然主義』，一個合理的自然主義者於是便帶著獸性的滿足在這世界上生活下去。（《生活的藝術》）

　　但如果我們靜心一想，又很容易發現「獸性的滿足」於野蠻之中帶著樸素的真理，動物與人的最大區別之一就在於人的慾望永無止盡，而動物卻很容易滿足。迄今為止，唯一不知道滿足的動物可能要算《莊子·齊物論》中的那群猴子，養猴的老頭有一段時間手頭緊，想削減猴子的口糧，跟猴子商量：「我給你們栗子吃，早上三顆，晚上四顆，這樣夠嗎？」猴子一聽很生氣，都跳了起來。過了一會兒，老頭又說：「要

不這樣，早上四顆，晚上三顆，可以嗎？」猴子們聽後都很開心地趴下，服服帖帖了。這就是成語「朝三暮四」的起源。

其實我覺得以猴子的聰明，未必不懂得老頭的把戲。只不過，當老頭再說第二遍的時候，它們已經明白這件事已經成為事實了，既然不能改變事實，那就改變自己的心態吧。

在《與塵世結不解緣》這一章中，林語堂進一步把這種「獸性的滿足」精神概括為「動物性的信仰」，並號召眾生以一種美好的心態來看待這個世界。

題外話：紀念史鐵生

易中天說過這樣一段很有見地的話：「人生有兩大悲劇：一是萬念俱灰，一是躊躇滿志。」現代的人好像特別脆弱，報紙上天天報導眾多名人得憂鬱症，這些人一定是從一個極端走向別一個極端。正因為躊躇滿志，才堅信自己是完美的，是無所不能的，如果受到一點挫折，就會變得極度自卑，甚至失去繼續生活的勇氣。為自己找一個準確的定位，才能享受生活樂趣。

在選定人生定位這一點上，我最佩服的是已故作家史鐵生。年輕時身高腿長的史鐵生曾經幻想當一個像卡爾·路易斯那樣的運動健將。然而在 21 歲那年，他突然雙腿癱瘓，「活到最狂妄的年齡上忽地殘廢了雙腿」。按照易中天的話，

從躊躇滿志到萬念俱灰，這絕對算得上悲劇中的悲劇。

　　雙腿殘廢后的最初幾年，無路可走的史鐵生每天搖著輪椅去地壇，寧靜如世外桃源的地壇成為了他最後的安身立命之所。在地壇的老樹下、荒草邊、頹牆旁，史鐵生或默坐，或呆想，開始了一場對人生終極意義的思考。而最終啟發他走出困境的卻是一些從前壓根不會去注意的東西，譬如空中的蜂兒，地上的螞蟻，樹幹上的蟬蛻，草葉上的露珠，這些渺小的乃至沒有生命的東西，卻使得原本荒蕪破敗的地壇充滿了生氣與活力。

　　史鐵生終於大徹大悟，真正的「荒蕪」並不在於外界，而在於自己的內心。他開始走出死亡和頹廢的陰影，甚至開始「感恩自己的命運」，而後，這個世界在史鐵生的眼中重新變得如此完美：落日的燦爛、雨燕的高歌、冬天雪地上孩子的腳印、蒼黑的古柏、暴雨中草木泥土的氣味、秋風裡落葉的味道，都充滿了生之氣息。

　　雙腳癱瘓並不是史鐵生唯一的病患，更可怕的是之後他又得了嚴重的腎病，進而發展成尿毒症，只能靠透析生存，直到 2010 年的最後一天因突發腦溢血去世。史鐵生帶給我們的是一種至高的生之啟示，正如上海作家陳村說的：「他很艱難地從生存的窄縫裡走出來，帶著豁然開朗的喜悅。」「他是用喜悅平衡困苦的人，不容易破滅。許多遊戲和他無緣，他不再迷失，可以觀賞自己，觀賞上帝的手藝。」

最後，讓我們再一起來讀一讀史鐵生的文字：

微笑著，去唱生活的歌謠。不要抱怨生活給予了大多的磨難，不必抱怨生命中有大多的曲折。大海如果失去了巨浪的翻滾，就會失去雄渾，沙漠如果失去了飛沙的狂舞，就會失去壯觀，人生如果僅去求得兩點一線的一帆風順，生命也就失去了存在的魅力。（《不要抱怨生活》）

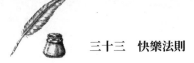

三十三　快樂法則

「世上不如意事十之八九」，因此，怎麼樣活著才能獲取最大限度的快樂？這是一個亙古不變的難題。而林語堂以其親身實踐，讓我們多了一個可供參考的模式。現在，就讓我們來品讀林語堂的快樂法則。

廣泛的興趣

羅素說一個人擺脫不快樂的「明智辦法」是：「在平日快樂的時候培養廣泛的興趣，以便使心靈找到一塊不受干擾的地方，使它產生一些別的聯想和情感，而不致只抱著使眼下難以忍受的聯想和情感。」（《幸福之路》）

在這方面，林語堂簡直就是一個完美的模板。從小到大，林語堂自始至終都是一個興趣極為廣泛的人。

小時候，林語堂是一個機器狂，「自從小孩子的時候，我一見機器便非常的開心，似被迷惑；所以我常常站立不動定睛凝視那載我們由石碼到廈門的小輪船之機器。至今我仍然相信，我將來最大的貢獻還是在機械的發明一方面。」（《林語堂自傳》）雖然林語堂沒有因此走上科學的道路，但這卻為他後來走上發明中文打字機之路埋下了伏筆。

　　上大學後，林語堂的業餘愛好甚至影響到他後來的婚姻。原來林語堂在聖約翰期間一直「不務正業」，在學校裡他學會了打網球和棒球，還是學校足球隊的隊長，並且創造了學校一英里跑的記錄，而且代表學校參加了遠東運動會（雖然沒有獲得名次），同時他的釣魚功夫也在與日俱增。這樣的林語堂即使就體育領域來說，其興趣的寬泛也是少見的。而此時，林語堂未來的妻子廖翠鳳正在離聖約翰不遠的聖瑪利亞女校讀書，林語堂接二連三上臺領獎的消息使他成為了學生中的風雲人物。廖翠鳳在學校聽說老鄉的風頭之後也是仰慕不已，恨不能相見。所以後來別人要把她介紹給林語堂時，她毫不猶豫地答應了。

　　而最難能可貴的是老年的林語堂依然保持著對各種事物的新鮮感，他說自己「感到興趣的是文學、漂亮的鄉下姑娘、地質學、原子、音樂、電子、電動刮鬍刀，以及各種科學新發明的小物品。他用膠泥和滴流的洋蠟做成有顏色的景物和人像，擺在玻璃上，藉以消遣自娛。他喜愛在雨中散步；游水大約三碼之遠；喜愛辯論神學；喜愛和孩子們吹肥皂泡兒。見湖邊垂柳濃陰幽僻之處，則興感傷懷，對於海洋之美卻茫然無所感。一切山巒，皆所喜愛。」（《一捆矛盾》）

　　關於林語堂的興趣，與他朝夕相處的女兒們也有很多補充。比如，女兒們提到父親有收集留聲機片的嗜好。每天晚

飯以後他就一個人靜靜地坐在火爐前面，享受留聲機裡蕩漾
出來的美妙音樂。並且，熄滅了房子裡所有燈光，僅僅留著
火爐中熒熒的柴火。

　　沉浸在音樂中的林語堂，是何等的幸福，他此時的靈魂
一定在天際快樂地飛翔，拋開沉重的肉身。其實，很多時候
不是世界無趣，而是我們自己無趣。林語堂談鋼琴的時候一
臉陶醉的神情，彷彿是一個造詣高深的鋼琴家。而真實情況
在這方面他只是個蹩腳的菜鳥，他甚至從來沒有記熟過一首
曲譜，儘管他天生有著良好的記憶力。但這並不妨礙他進入
忘我的狀態，鋼琴對他來說就像陶淵明的無絃琴一樣純粹是
自娛自樂的工具。

　　那些最好的興趣，往往是我們喜歡做但是不專業的東
西。一旦專業了，也就不快樂了。

善於發現快樂

　　明末清初的大才子金聖嘆以對《西廂記》、《水滸傳》等
書的評點而名揚後世，後因「哭廟」案冒犯皇帝受牽連被朝
廷處以極刑。在刑場上，他泰然自若，向監斬官索酒暢飲，
飲罷大笑，說：「割頭，痛事也；飲酒，快事也；割頭而先飲
酒，痛快痛快！」金聖嘆臨行前寫了一封遺書給其兒子，裡
面只有一句話：「字付大兒，鹹菜與黃豆同吃，大有胡桃滋

味，此法一傳，我無遺憾矣。聖嘆絕筆。」

人在臨死前是最能看出其本色的，很少有人能做到臨死前心情還如此超脫。林語堂對金聖嘆這樣一個痛快的美學先鋒，自然充滿了仰慕和讚嘆。金聖嘆有名作《三十三不亦快哉》傳世，林語堂後來也模仿他寫了《來臺後二十四快事》。在這兩篇記述其生活中芝麻小事的文章中，我們很容易發現兩個人精神上的共通之處，那就是在別人習以為常的瑣事中發現快樂的精神，茲舉兩人文章中各幾例以饗讀者：

其一：夏七月，赤日停天，亦無風，亦無雲；前後庭赫然如洪爐，無一鳥敢來飛。汗出遍身，縱橫成渠。置飯於前，不可得吃。呼簟欲臥地上，則地溼如膏，蒼蠅又來緣頸附鼻，驅之不去。正莫可如何，忽然大黑車軸，疾澍澎湃之聲，如數百萬金鼓。簷溜浩於瀑布。身汗頓收，地燥如掃，蒼蠅盡去，飯便得吃。不亦快哉！

其一：空齋獨坐，正思夜來床頭鼠耗可惱，不知其戛戛者是損我何器，嗤嗤者是裂我何書。中心回惑，其理莫措，忽見一狻貓，注目搖尾，似有所睹。斂聲屏息，少復待之，則疾趨如見，噉然一聲。而此物竟去矣。不亦快哉！

其一：街行見兩措大執爭一理，既皆目裂頸赤，如不戴天，而又高拱手，低曲腰，滿口仍用者也之乎等字。其語刺刺，勢將連年不休。忽有壯夫掉臂行來，振威從中一喝而解。不亦快哉！

三十三　快樂法則

其一：夏月早起，看人於松棚下，鋸大竹作筒用。不亦快哉！

其一：推紙窗放蜂出去，不亦快哉！

　　　　　　　　　　—— 節選自金聖嘆《三十三不亦快哉》

其一：華氏表九十五度，赤膊赤腳，關起門來，學顧千里裸體讀經，不亦快哉！

其一：黃昏時候，工作完，飯罷，既吃西瓜，一人坐在陽臺上獨自乘涼，口銜菸斗，若吃菸，若不吃菸。看前山慢慢沉入夜色的朦朧裡，下面天母燈光閃爍，清風徐來，若有所思，若無所思。不亦快哉！

其一：趕酒席，座上都是貴要，冷氣機不靈，大家熱昏昏受罪，卻都彬彬有禮，不敢隨便。忽聞主人呼寬衣。我問領帶呢？主人說不必拘禮，如蒙大赦。不亦快哉！

其一：家中閒時不能不看電視，看電視，不得不聽廣告，倘能看電視而不聽廣告。不亦快哉！

其一：宅中有園，園中有屋，屋中有院，院中有樹，樹上見天，天中有月。不亦快哉！

　　　　　　　　　　—— 節選自林語堂《來臺後二十四快事》

　　觀路人吵架，聽子弟背書，冬夜飲酒，夏日吃西瓜，看電視避開廣告，偶聞鄉音……這樣的快樂，本不應只屬於金聖嘆和林語堂，芸芸眾生皆可得之。然而，我們卻似乎很難從這樣的事情中感受到如此持續而又強烈的快樂。這是因

為，在生活中我們的感官漸漸變得遲鈍起來，童年的天真與好奇被俗世消磨殆盡，以至於總是抱著一種「世上不如意事，十之八九」的悲觀態度行進，而後又在這種沉重與壓抑中無法翻身。

羅素認為，所有的快樂都是自然的，而所有的不快樂都是人為的。他在《幸福之路》裡面寫道：「世界浩瀚無垠，而我們自身的能力卻是有限的。如果我們全部的快樂完全侷限於我們個人的環境之中，我們就難免向生活提出過高的要求。若對生活要求過高，則可能得到的都會落空。」

對自己滿足

2002 年 1 月 13 日，海明威短篇小說《老人與海》中的主角形象原型 —— 古巴漁夫格里奧・富恩特斯去世，享年 104 歲。而將他推向世界的海明威早在 41 年前就用雙管獵槍結束了自己 62 歲的生命，儘管 7 年前他剛被授予諾貝爾文學獎。富恩特斯的辭世在網路上觸發了一場討論：為什麼一個擁有一切的人，在獲獎後不久選擇死亡，而一個一無所有的人，卻能夠長命百歲？

最終漁夫的獨子揭開了這個謎底，他公開了一封海明威去世前一天寫給老漁夫的信，信中寫道：人生最大的滿足不是對自己地位、收入、愛情、婚姻、家庭生活的滿足，而是對自己的滿足。

三十三　快樂法則

　　海明威的觀點和林語堂不謀而合，林語堂認為快樂的祕笈在於滿足，而滿足的祕笈在於知道如何享受自己所擁有的，並能驅除自己能力之外的物慾。遺憾的是，海明威直到去世前一天才徹底想清楚這個問題。

　　縱觀林語堂的一生，我們發現他對自己所擁有的一切一直都存在著一種知足而感恩的態度。童年時窮的一無所有，唯有故鄉的山水與他相伴，他卻認為這不啻是天堂，終其一生魂牽之夢縈之。長大後，遭遇棒打鴛鴦，與自己最愛的女人咫尺天涯，娶了另一個自己一開始並不愛的女人，他卻認為這是上天要賜給他一個賢妻良母，僅僅因為妻子允許他在床上抽菸他便認定這是完美的婚姻。老年時，發明打字機而喪盡畢生積蓄，長女因為情感問題自殺，他卻從來沒有任何抱怨，並且一再告誡女兒們要學會享受人生。其實，類似的觀點林語堂早在《生活的藝術》中就已經講的很明白了：

> 「我們的塵世人生因為只有一個，所以我們必須趁人生還未消逝的時候，盡情地把它享受。」林語堂還引用基士爵士的話來強調自己的觀點：「如果人們的信念跟我一樣，認塵世是唯一的天堂，那麼他們必將更竭盡全力把這個世界造成天堂。」

　　知足常樂是很高的境界，有人對此由衷的讚嘆道：「許多作家都把生命看成是沉重肉身，林語堂則把沉重肉身轉為輕靈的舞者，悲劇與沉重被舞蹈化解。他的人生就是風行水

上，下面是漩渦急流，風仍逍遙自在。」林語堂這種知足常
樂的精神來源於底層的勞苦大眾。他曾看到北京的黃包車伕
們一路上談笑風生互相逗樂，在讓同伴遇到難題的時候開心
大笑；也曾見到四川那些在急流中拉船的縴夫，一天賣命僅
能賺到可憐巴巴的一點血汗錢，卻為能吃到兩頓簡單的飯菜
露出滿意的笑容。他們身處底層，只要能吃上飯就可以活得
無憂無慮，這種精神深深地感染了林語堂。他開始關照自己
的人生，並得出這樣的啟示：

> 人類的壽命有限，很少能活到七十歲以上，因此我們必須把
> 生活調整，在現實的環境下盡量地過著快樂的生活。（《吾
> 國吾民》）

三十四　東方式自由

原來自由也有東西方之分，在西方自由主義成為主流的今天，林語堂的東方自由主義為我們指明了另外一條道路。

自由與婚姻

在中國談自由主義，胡適和林語堂是不能不提的兩個人。胡適乃中國自由主義的先驅，而林語堂則畢其一生身體力行著自由主義。

胡適在 1948 年曾經寫過一篇《自由主義》的文章，在裡面他把自由主義分成東方式自由主義和西方式自由主義。胡適認為東方式自由主義的要旨是「回向自己求內心的自由」，而西方式自由主義的要旨是「建設民主政治」。從這一點來看，胡適一生追求的是西方式自由主義，而林語堂一生追求的是東方式自由主義。

如果需要用兩個字分別概括東西方自由主義的精髓，我覺得這兩個字應該是「融」與「容」。在《自由主義》一文中，胡適提出了「容忍比自由更重要」的論點，這也成了他一生以其貫之的做人準則。而林語堂一生則致力於對天人合一的理想境界的追尋，極力尋找一條人與社會、自然的完美

融合之路。

「融」與「容」的區別，最有趣和形象的體現莫過於兩人的婚姻生活。

我們知道，胡夫人江東秀自始至終並非胡適所愛之人，胡適生命中摯愛的是兩個女人，一個是遠在大洋彼岸的韋蓮司，一個是後來成為中國農學界第一位女教授的曹誠英，她們與胡適相識後都再未嫁人，單身致老，對愛情的忠貞令人感動不已。此二女無論相貌、才識和江東秀都是天壤之別，才子佳人可謂天造地設，對此，胡適本人也曾動搖過，在與曹誠英熱戀的時候，他甚至向江東秀提出了離婚的要求。

沒想到，江冬秀並不是省油的燈。她聞聽胡適要離婚，立即衝進廚房操起菜刀出來，把刀一橫說：「你要離婚可以，我先把兩個兒子殺掉！然後自殺，讓你一個人去過逍遙日子！」說著，舉刀作勢要砍身邊兒子。胡適一看此幕，嚇得魂飛魄散，面如土色，急忙上前奪下菜刀，結結巴巴地央求道：「別胡來！答應你不離婚，行嗎？」這才平息了一場風波。

風波雖然有驚無險地平息了，但是胡適與曹誠英這段刻骨銘心的愛情也因此落得個有緣無份的悲劇性收場。曹誠英去世後，親友遵遺囑將她安葬在績溪縣旺川公路旁。她認為胡適如果魂歸故里，一定會經過這裡跟她相聚。而把容忍看作自由要義的胡適，終於死心塌地地與一個自己並不愛的女

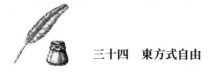

人相伴走完了一生。

　　老實說，林語堂在結婚這件事情的源頭上和胡適幾乎可以說是同病相憐。林語堂認識妻子廖翠鳳，是以失去至愛的女人為代價。無論廖翠鳳之於林語堂，還是江東秀之於胡適，都不是兩位大師年少之時理想的人生伴侶，所以我們也注意到了一個現象，林語堂和胡適在婚姻這個問題上都是能拖則拖，最後在雙方家庭的極力「逼迫」之下才無奈的「奉旨」成婚。

　　然而，如果說胡適的婚姻頗有點佛祖割肉餵鷹捨身飼虎的犧牲精神，林語堂的婚姻卻使他鳳凰涅槃，感情上獲得了新生，而且似乎有點不可自拔。

　　廖翠鳳有一次跟林語堂開玩笑說：「人家西裝教授一個個都把家裡的黃臉婆休了另娶新潮女生為妻，你怎麼沒有這樣做？」

　　林語堂聞言嚇了一跳，連忙擺手說：「不行啊，我離開了你活不了！」有人感慨於林語堂與廖翠鳳五十年以來堪稱世人楷模的婚姻，人雖老了，婚姻卻永保青春，好事者向夫婦倆打探此中祕訣。兩人笑答：「婚姻之道在於兩個字，『給』和『受』。只是給予，不在乎得到，才是完美的婚姻。」我覺得這話雙方在回答的時候都是從自己的角度出發的，有給予必有得到，在夫妻天長日久的相處之中，彼此不斷的給予和受到，

最終完美的達成雙方肉體和靈魂的交換，圓滿而融洽地合二為一，這就是婚姻的最高境界。

西裝及長袍及裸體

在廈門大學期間林語堂和魯迅的合影上，西裝筆挺的林語堂和身穿長衫的魯迅形成了鮮明的對比。而後，這樣穿西裝的林語堂已不多見。

結束了廈大的執教生活，林語堂在武漢度過了一生中唯一的一段宦海生涯，官場的黑暗與束縛人性讓他不堪回首。離開武漢後，林語堂來到了上海成為了一個自由文人，也是在這個時期，林語堂脫下從來筆挺的西裝，穿起了長袍馬褂。此後，不論是在國內還是海外，林語堂再也沒有脫下他的長袍，而他對西裝的批判也成為文壇一道有趣的風景。

要知道林語堂如何精妙地批判西裝，《論西裝的不合人性》這篇文章不可不讀。

凡喜歡在家中穿著土著式長袍，或穿著浴衣拖鞋在外面走來走去的人，何需舉出為什麼不裹紮於令人窒息的硬領、馬甲、腰帶、臂箍、吊襪帶中的理由。西裝的尊嚴，其基礎也未必較穩固於大戰艦和柴油引擎的尊嚴，並不能在審美的、道德的、衛生的或經濟的立場上給予辯護。它所占的高位，完全不過是出於政治的理由。

　　另外，林語堂還不吝筆墨地證明了中裝比西裝更加自由、平等、合於情理、適合時令，穿不穿中裝甚至關係到民族的生死存亡——「我不能不相信，中國民族所以能夠不被肺癆和肺炎所滅盡，全靠那一件長袍的力量。」

　　無獨有偶，飽吸洋墨水，原西南聯大教授、國民黨「外交部長」葉公超總是西裝筆挺，風度翩翩，其一口純正的美式英語被西方人讚為「王者英語」。然而這只是表面現象，在他心裡竟然也像林語堂一樣鄙視西裝。他諷刺西裝，說西裝袖子上的鈕扣現在用來裝飾，其起源卻是防止大家吃喝之後用袖子揩嘴巴。洋人打領帶，更加「妙不可言」，是為了便於讓人牽著脖子走、且面對牽著他的人，表示由衷的臣服。

　　而林語堂的老鄉辜鴻銘則由一個極端走向了另外一個極端。辜鴻銘的人生經歷堪稱傳奇，自稱「生在南洋，學在西洋，娶在東洋，仕在北洋」，精通英、法、德、拉丁等9種語言。然而，當西裝革履的辜鴻銘踏入中國土地之後，卻迅速被中國文化所征服了。當別人剃掉了辮子，他卻留起了長辮至死不渝；當別人穿上了西裝，他卻換上了馬褂。與此同時，辜鴻銘也背叛了將他養大的西方文明，他在火車上倒讀英文報紙嘲笑英國人，用純正德語挖苦德國人，說美國人沒有文化，辜鴻銘罵西方人罵得讓他們嘆為觀止，甚至引為知

己，這不能不說是一個境界！

　　就像西裝一樣，西方自由主義建立在制度的基礎之上，但制度是一把雙刃劍，它既保障了我們的權利的也約束了我們的身心。而東方自由主義則像長袍，建立在自然和本真的基礎上，它以愉悅身心為目的，至於形式和尊嚴則不那麼重要。

　　有趣的是，辜鴻銘、林語堂、葉公超都是在西方文明的哺育中走向成熟的，他們的外語水平和對西方文明的吸收程度在中國罕有其匹，但令人意外的是，這三個人最後竟然一致地調轉槍口，對西方文化大加討伐，其中對中國文化的熱愛固然造成了舉足輕重的作用，而他們這種「獨立之精神，自由之思想」則是「五四」之風的最好寫照。

　　林語堂不僅在穿衣服有自己的一套理論，而且在不穿衣服上也形成了自己獨到的見解。

　　在晚年所寫的《來臺二十四快事》中林語堂第一條就是關於裸身之樂：華氏表九十五度，赤膊赤腳，關起門來，學顧千里裸體讀經，不亦快哉！

　　而在《論裸體》一文中，林語堂進一步強調了裸體的好處：「裸體能給我們相當的活動範圍，這在即使只穿了很薄的衣服，也會因衣服的限制而失去的。你可以注意裸體後屈膝比穿了褲子屈起來要愉快多少。」「假如有人皮膚強健的話，

那他便可像因經濟關係的滿洲人一樣的裸著睡覺，一享其肌膚親著柔褥之樂。整個的說來，醫生都會告訴你，皮膚是排泄汙穢，自動消毒的重要器官之一，如果一個人必須把自己的身體緊密而殘忍地封閉在笨拙不人道的西服中，妨礙其自然的排泄作用，那他至少應在一天二十四小時中讓他有幾分鐘特別是在日光和新鮮空氣的影響之下，以恢復他自然地位和自然功用。」

　　但林語堂的裸體只裸給自己看，他說「我是堅決反對當眾裸體的」。林語堂的裸體只求裸的快樂，裸的健康，絕不奪人眼球和譁眾取寵。

後記

　　德國諾貝爾文學獎獲得者波爾寫過一篇微型小說，講述了一個漁夫的快樂哲學。

　　故事的開頭一個漁夫躺在沙灘上悠哉地晒著太陽，抽著自己的煙袋。這時一個富翁走過來問他：「你怎麼不出海捕魚？」漁夫說：「我剛回來了。」

　　富翁說：「為什麼不多捕一船？」漁夫答：「我幾天夠吃夠喝就可以了。」富翁說：「多捕魚可以多存錢呀。」漁夫搖頭道：「存錢幹什麼？」富翁算道：「如果你每天多捕一船魚，15年後就會買很多船。把它們租給別人。」漁夫懶洋洋地問：

「那又怎麼樣？」富翁認真地說：「那時，你就可以悠閒地在海邊抽一袋煙，晒晒太陽了。」漁夫說：「我現在不已經在這樣做了嗎？」

　　其實在這個故事裡，我們看到的就是兩種自由主義的爭論。西方式自由主義強調的是一種物質上的自由，而東方式自由強調的是一種精神上的自由。而這個故事最有意義的地方，在於它告訴我們，其實西方式自由最終的目的還是要指向東方式自由，只不過繞了一個大圈子。原來自由就在我們的眼皮底下！

三十五　作文人不作文妓

「做文可，做人亦可，做文人不可」，林語堂當年為何會發出如此悲觀的感慨，在他眼裡真正的文人又是如何定義的？

文妓與文俠

明星劉曉慶曾經感嘆：做人難，做女人更難！而早在幾十年前，林語堂也發出類似的感嘆：做人難，做文人更難！他認為，文人薄命與紅顏薄命是一樣的道理。

林語堂富有創造力的提出了「文妓」一詞，妓女出賣自己的肉體，而文妓則以賣文為生。在林語堂眼裡，文妓是算不得真正的文人的，他在文章裡這樣說道：

> 既做文人，而不預備成為文妓，就只有一道：就是帶一點丈夫氣，說自己胸中的話，不要取媚於世，這樣身分自會高。要有點膽量，獨抒己見，不隨波逐流，就是文人的身分。所言是真知灼見的話，所見是高人一等之理，所寫是優美動人的文，獨往獨來，存真保誠，有氣骨，有識見，有操守，這樣的文人是做得的。（《做文與做人》）

有膽氣，有操守，堅守正道，於天地之間獨來獨往，這不僅僅是文人，而是東方龍吟所說的文俠了。而更早以前，

陳寅恪在王國維墓碑上所撰寫的碑銘可以說是古往今來文俠精神的一個寫照：

> 士之讀書治學，蓋將以脫心志於俗諦之桎梏，真理因得以發揚。思想不自由，毋寧死耳。斯古今仁聖所同殉之精義，夫豈庸鄙之敢望。先生以一死見其獨立自由之意志，非所論於一人之恩怨、一姓之興亡。嗚呼！樹茲石於講舍，係哀思而不忘。表哲人之奇節，訴真宰之茫茫。來世不可知者也，先生之著述，或有時而不章。先生之學說，或有時而可商。唯此獨立之精神，自由之思想，歷千萬祀，與天壤而同久，共三光而永光。（《清華大學王觀堂先生紀念碑銘》）

在碑文中陳寅恪三次談到人格獨立思想自由的重要性，而大師們「獨立之精神，自由之思想」，也如久埋地下的寶劍一樣，氣貫星斗。

遺憾的是，現在的許多文人俠氣漸失，而妓性日長。文妓主要分為兩類，一類出賣自己的身體，例如那些號稱「用下半身寫作」的，這些人可恨之處不在於性描寫，而在於將美麗的性描寫變得毫無美感。我們的老祖宗遇到床上那點事躲不過時好歹是一首首的「西江月」或者「臨江仙」，妙不可言。而到了這些人筆下則成了一堆性器官的混戰，簡直令人反胃。

另一類文妓則出賣自己的良知，這些人只要給錢他可以把王寶森寫成孔繁森。這些年來，中國的專家和學者們大有

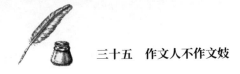

成為過街老鼠之勢，其實這不能全怪他們，上梁不正下梁歪而已。1986 年是哈佛大學建校 350 週年紀念，打算邀請時任總統的雷根前來出席並演講，雷根欣然接受，但私下提出一個要求，希望哈佛大學授予他榮譽博士學位。令人意外的是，哈佛卻告訴雷根，你要來可以，但榮譽博士不能隨便給你。最終，雷根總統未能前來。雷根不幸生在美國，要是在中國，這樣的事情換成任何一個學校都得「三呼萬歲」了。

真文人

　　林語堂每次到杭州西湖，一定要去玉泉觀魚，他說：「一半是喜歡看魚的動作，一半是可憐他們失了優遊深潭浚壑的快樂。」林語堂對寺院裡常見的放生池頗有點不以為然，他說和尚們如果真的愛魚的話，為何不把魚放入錢塘江。這樣魚就是死於非命，也會覺得不妄此一生。在寺院裡觀魚雖然清高，但「總不免假放生之名，行利己之實」。

　　求真，在林語堂看來不僅應該是一個人行事的態度，也應該是一個人為文的態度。《金瓶梅》在常人看來是淫書，但林語堂卻讚美，說它寫的逼真，自然而然的反應出了晚明時期的社會風貌，所以能夠入人心，形成一股力量。

　　出於對求真的文風的追求和熱愛，林語堂特別崇尚晚明袁氏三兄弟創立的「性靈學派」，他稱之為「自我發揮學

派」。林語堂說自我發揮學派在寫作中只會表達「自己的思想和感覺，出乎本意的愛好，出乎本意的憎惡，出乎本意的恐懼，和出乎本意的癖嗜」（《生活的藝術》），他們的寫作發自本心，專重天真，個性流露，他認為只有這樣才是「真文學」。當然，能做真文學的文人方能算是真文人。

林語堂覺得《紅樓夢》中的林黛玉就是這樣的一個「自我發揮學派」，因為她在教香菱學詩時說曾說：「若是果有了奇句，連平仄虛實不對，也是使得的。」

從這點看，林語堂眼中的真文人都是一些性情中人，內心天真浪漫，多情善感，不圓滑，不世故，他們的生命和文章原汁原味，絕不添加三聚氰胺或者防腐劑。林語堂所崇拜的老鄉辜鴻銘就是這樣一個人，辜鴻銘被時人視為怪物，林語堂卻說：「他是一個怪物，但不令人討厭」，「辜亦一怪傑矣，曠達自喜，睥睨中外，誠近於狂。然能言顧其行，潦倒以終世，較之奴顏婢膝以事權貴者，不亦有人畜之別乎？」（《辜鴻銘》）辜鴻銘貌似狂妄，其實天真，性如頑童，嬉笑怒罵皆成文章，這正是林語堂對其深深仰慕的原因。莊子、陶淵明、蘇東坡、袁中郎、金聖嘆，在林語堂看來都是真文人。

而到了中國這一代，個個都是吃著食品添加劑長大的，甚至有專家說一個成年人一天要吃八九十種添加劑，以至於

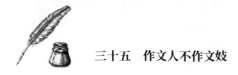

在做人和作文中也不由自主的添加了很多雜質進去。一個孩子在上小學時，寫的作文雖然幼稚但不失純真，而老師批閱後卻往往告訴學生感情不妨再熱烈一點更有感染力。這個學生進入中學時開始寫議論文，老師又會經常善意的提醒他別忘了弘揚主旋律，於是我們便常在考試作文中看到了一個奇怪的現象，許多考生雙親早逝，在熱心人士的幫助下含辛茹苦地熬到了大學，此時的他百感交集，情不自禁地喊出了類似「祖國啊，母親」這樣的口號。而真實的情況卻是他的母親正在考場外面焦急的等待著。

文人之氣

在金庸的《笑傲江湖》中寫到華山派曾經分裂為「劍宗」和「氣宗」兩派，劍宗以技巧取勝，氣宗以內力取勝。令狐沖機緣巧合得到劍宗大師風清揚的真傳，學會了代表劍宗最高境界的「獨孤九劍」，卻又不幸在一次意外中失去了自己的全部內力。後來，令狐沖在西湖梅莊中同丹青子比劍，便很狡猾地立下規矩規定比武時兩人的劍不能相交，點到為止，因為以丹青子的內力隨時可以把令狐沖的劍震斷。

所以，這一場比試令狐沖實則贏在了投機取巧，而非真實水準。令狐沖雖然劍術登峰造極，但在他內力沒有恢復之前，江湖上任何一個內力稍高的人都有可能將他打敗。可見「氣」的重要性還是要遠遠高於「劍」。

文人之氣

　　文武之道，其實道理都是一樣的。林語堂就特別重視文人之「氣」，他除了強調文人要有「丈夫氣」之外，還特別仰慕孟子的「浩然之氣」，他認為孟子的文章有一股「磅礴的文氣」「此種文章文氣特別雄厚」。（《論孟子的文體》）他還說：「我最喜歡東坡詠黃州快哉亭『一點浩然氣，快哉千里風』之句。」（《一點浩然氣》）

　　這一點浩然之氣，在林語堂看來恰恰是文章的風骨和命脈所在。而要養成這樣的浩然之氣，沒有靜下心來長時間的修為和磨煉那是根本不可能達到的，正如一個高手要練就深厚的內力，除非他有驚人的奇遇，否則還是要靠平時的日積月累。

　　已故學者胡河清曾在其著作裡表達了對魯迅這種「采氣」精神的讚嘆：

> 魯迅就是一種尺度。他對中國文化傳統有極深的體認，自不必說他立雪章門苦修國學的功夫，既論五四前夕魯迅終日臨古碑，不也是在默默息息中採補中國文化之氣嗎？（《中國當代文學與文化傳統》）

　　正是有了這樣數十年如一日將鐵板凳坐穿的精研精神，魯迅的文氣才能至純至厚，綿綿不絕。孔子 50 歲之前不讀易，黃侃 50 歲之前不著書，都是覺得自己的「氣」還不夠深厚，不能隨心所欲。

胡河清同時也批判了某些看似才華橫溢而底蘊不深的年輕作家，認為他們所憑藉的是一種「胎氣」，這種「先天之氣」很快就會用完，到時他們就只能江郎才盡了。

　　在 1994 年的一個風雨之夜，胡河清最終選擇了跳樓自殺。有人說他的自殺是出於對文化沒落的一種失望。可惜胡河清之死對於現狀沒有任何的警醒作用，文化還是一如既往的沒落。在這個講究效率和速成的時代，我們再也見不到博大精深如魯迅的《中國小說史》和錢鍾書的《管錐篇》這樣的作品，因為已經沒有人能做到這樣深厚的積澱，而像《紅樓夢》這樣的曠世之作，更是成為一個傳說，因為沒有作家會像曹雪芹一樣花畢生的時間只創作一部小說。

　　我們這個時代的文人和文章，正在漸漸地變得有力無氣。

三十六　一捆矛盾

在《八十自敘》中，林語堂將自己定義為「一捆矛盾」，乍看令人莞爾，細想又充滿哲理。其實在這個世界上，人人都是「一捆矛盾」，只不過我們很少有人能正視矛盾罷了，而林語堂的高明之處，不僅在於正視矛盾，更在於他還能戳破矛盾、享受矛盾。

矛盾人生

英國作家史蒂文生曾經寫了一本轟動一時的小說《化身博士》，故事主角哲基爾博士是個學識淵博、德高望重、家財萬貫的醫生，人們對他充滿景仰之情。然而，哲基爾醫生卻因抵擋不了自己內心深處的邪惡因子，發明了一種藥水，一旦喝下藥水，即搖身一變，成為人人得而誅之的醜惡男子 —— 海德。同樣一個人，一半是天使，一半是魔鬼。

如此說來，林語堂在許多方面還真有點「化身博士」的感覺。林語堂的頭髮經常不理，以至於太長而又髒又亂，他卻對此心安理得，因為他覺得頭髮太整潔了就不像一個作家，他的妻子廖翠鳳不得不連哄帶騙讓他上理髮店去。然而，與之形成強烈反差的是，林語堂對自己的腳卻極其在

意，他每次散步回家都要洗一次腳，以至於每天竟要洗腳多達三四次，他還振振有詞：「我的腳是世界上最清潔的，有誰的腳，能夠像我一樣的清潔？羅斯福總統，希特勒，墨索里尼，誰都比不上我！我不相信他們能像我一樣，每天要洗三四次腳的。」

林語堂反對不食人間煙火，熱愛油煙味，為了使書房也遍布油煙味他甚至突發奇想要在書房的屋頂掛一盞長明燈。然而，他的菸斗卻要每天清潔一次，因為上面的煙油味讓他難以忍受，他覺得跟苦汁一樣。有一次，林語堂不小心碰到了菸斗上的煙油，結果躲到街邊無人的角落吐了一地。

為人處世上，林語堂更是充滿了矛盾。林語堂是一個天生樂觀的人，女兒們記述他常常看到一些不是很有趣的事都會開懷大笑起來，他那種大笑的樣子已經申請專利，誰都學不了。他也時常把一些有趣的故事講給大家聽，這些故事他不知道已經講過多少次了，但是眾人還是百聽不厭，大概是因為他那種樂觀的情緒感染了大家。但與此同時，他又是一個多愁善感的人，他自己說「見湖邊垂柳濃陰幽僻之處，則興感傷懷」。有一次，他和廖翠鳳一起去看電影《孤星淚》，出來時廖翠鳳驚奇地看著他那紅腫的眼睛，他說：「看了這種影片而不哭，還算有人心嗎？」林語堂對看電影流淚還形成了一套理論：「非木石，焉能無情？當故事中人，床頭金

盡，壯士氣短，我們不該揮幾點同情之淚嗎？或是孤兒遭後母凌虐，或是賣火柴女凍死路上，或是閔子拉車，趙五娘食糠，我們能不心為所動嗎？或是夕陽西照，飛鳥歸林，雲霞奪目，江天一色，我們能不咋嘆宇宙之美不由眼淚奪眶而出嗎？」（《論看電影流淚》）

在信仰上，林語堂也是矛盾重重，「他把自己描寫成為一個異教徒，其實他在內心卻是個基督徒。」（《八十自敘》）有時他像一個歷盡人世滄桑的哲人一樣鄭重地告誡我們：「塵世到底是真實的，天堂終究是飄渺的，人類生在這個真實的塵世和飄渺的天堂之間是多麼的幸運啊！」然而，暗地裡，他卻狡猾的替自己安排好了上天堂的路，他說如果像自己這樣的人不上天堂，那這個世界就要完蛋了。

享受矛盾

兩個人結伴到山裡去露營。晚上睡覺的時候，一個人問另一個人：「你看到了什麼？」

另一個人回答：「我看到滿天的星星，深深的感覺到宇宙的浩瀚，造物主的偉大，我們的生命是多麼的渺小和短暫……對了，你又看到了什麼？」

那個先開口說話的人冷冷的道：「我看見我們的帳篷不見了，應該是被人偷走了。」

三十六 一捆矛盾

　　我想，如果林語堂在這個故事中，他毫無疑問是那個丟了帳篷後看星星的樂觀主義者。儘管黑格爾說「存在就是合理的」，但是這個世界的確有太多不合理乃至無情的一面，或者說，矛盾本身就是世界存在的一種必然形式。從這個層面上說，林語堂的「一捆矛盾」以其自身的矛盾抵禦世界的矛盾，以毒攻毒，何嘗不是一個有效的方法。更難得的是，在這樣的矛盾中，他還能發現快樂，感受快樂，這就有點了不起了。既然帳篷已經找不回來了，木已成舟，那就好好享受這美麗的星空，總比一味在荒山野嶺謾罵和詛咒強的多。

　　林語堂說：「生活是一場大鬧劇，個人不過是其中的玩偶。如果一個人總是嚴肅的對待人生，老老實實的按照閱覽室規章辦事，或者僅僅因為一塊木牌上寫著『勿踏草坪』就真的不去踐踏草坪，那麼他總會被人視為傻瓜。」領悟了人生是一場「鬧劇」的真諦，林語堂也就學會了對很多東西不再那麼在意，看得很開，並且可以從容的加入鬧劇中來。

　　林語堂不僅看開矛盾，對很多生活中的矛盾，他往往還能四兩撥千斤，變廢為寶，別人為矛盾所困，他卻能做到享受矛盾。

　　在林語堂的《來臺後二十四快事》一開始就是這樣兩則：「華氏表九十五度，赤膊赤腳，關起門來，學顧千里裸體讀經，不亦快哉！」「初回祖國，賃居山上，聽見隔壁婦人

262

以不乾不淨的閩南語罵小孩，北方人不懂，我卻懂。不亦快哉。」臺灣的夏天熱氣襲人，一般人難以忍耐，如果又夾著潑婦罵街，這樣的環境很容易讓人血壓升高，心浮氣躁。而林語堂卻以能夠裸體讀經和聞聽鄉音為樂，真是讓我們嘆為觀止。

看過這樣一個報導。葡萄牙人羅薩，從住處到公司只有幾公里，但頻繁的塞車讓他每天花在路上的時間多達 4 小時。後來他研究了地圖，發現一條小河連接了住處和公司，而後，他買了一條小船每天從河裡搖過對岸，這已成為當地一景。當眾人在汽車裡如熱鍋上的螞蟻時，羅薩卻欣賞著美景，悠閒地劃著小艇。每個人都會抱怨現實，而只有懂得在矛盾中另闢蹊徑才是智者。

美國作家謝爾登·艾倫·希爾弗斯坦曾經寫了一個叫做《缺失的一角》的寓言。寓言的主角是一個圓，它缺了一角，每天為此悶悶不樂。後來，它動身去尋找那失落的一角，想讓自己恢復完整。它唱著歌向前滾動，因為缺了一角，不能滾得太快，有時候它會停下來跟毛毛蟲聊天，或者聞聞花香，充分享受溫暖而慵懶的午後陽光。它渡過大洋，穿過森林和沼澤，找到很多失落的一角，可惜都不適合它。後來它終於找到完全適合自己的一角，它高興的快發瘋了，因為從現在開始它是一個完整的圓了。它滾得很快，從來也沒有這

麼快，快得停不下來，以至於不能跟毛毛蟲聊天了，快得蝴蝶也不能在它身上落腳了……當它意識到這一切時，它毅然把歷盡千辛萬苦找到的一角丟在路旁，又慢慢的，磕磕碰碰地向前滾去了……

後記：美會留下

　　大女兒如斯自殺後，林語堂精神承受了巨大的打擊，他的身體也因此江河日下。有一天，他的二女兒林太乙開車載他出去兜風，在汽車的後視鏡裡她看到了形容憔悴的父親，於是她問父親：「活著有什麼意思？」林語堂聽了之後，不假思索的答道：「活著，就是為了享受人生。」

　　這讓我想起了一個關於法國印象派大畫家雷諾瓦的故事：

> 畫家亨利‧馬諦斯年輕的時候，經常會到雷諾瓦的畫室去拜訪他。雷諾瓦晚年患有嚴重的關節炎，全身關節都難以動彈，以至於繪畫時只能坐在輪椅上。他的畫架也是特製的，上面有活動的軸以便控制畫布升降和移動。由於兩手的關節都已變形，無法拿筆，他就將畫筆綁在手上。馬諦斯看到雷諾瓦作畫如此痛苦，實在忍不住，問他為何不放棄這一自我折磨的舉動。雷諾瓦聽了之後，淡然回答：「痛苦總會過去，美會留下來。」他至死都沒有放下自己的畫筆。

　　將近百年的時光荏苒而過，時至今日，提起雷諾瓦，我們眼前仍然會浮現出包廂裡少婦烏黑的大眼睛，磨坊中歡快起舞的人群，孩子純真無邪的容顏，陽光下女子豐實健美的胴體……儘管生命歷經沉重，但他的作品中卻只有輕靈和美的存在。

　　「痛苦總會過去，美會留下來。」這種於矛盾和痛苦中發現美的精神是雷諾瓦和林語堂這些大師們留給我們的一筆巨大的財富。

三十七　人生的歸宿

在離去的時候林語堂給自己選擇了一種特別的方式 —— 赤裸裸地平躺在床上，身上只蓋著一條白色的被單，他真正做到了赤條條的來到這個世界上，又赤條條的離開，無牽無掛，自由自在。

最後的日子

1975 年的聖誕節，林語堂的生命已進入不到一百日的倒計時之中，為了更好地照顧他，二女兒林太乙在早些時候已經把他接到自己位於香港的家中。

這一天，林太乙為了使父親開心，帶他去永安公司購物，商店裡琳瑯滿目的聖誕禮品和悠揚悅耳的聖誕頌歌使來來往往的人們沉浸在過節的氣氛中。而林語堂卻突然做出了一個大煞風景的舉動，只見他在櫃檯上抓起一串假珍珠鏈子，泣不成聲……

商店的店員們帶著不可思議的眼光瞧著這位老頭，懷疑他如果不是從瘋人院被解放出來那一定是剛遭歹徒洗劫。只有一旁的林太乙懂得父親哭泣的真正原因：他是覺得這個世界太美好，太美麗了，捨不得離開。

就像一輛曾經縱橫馳騁但卻已到了使用年限而行將報廢的汽車一樣，林語堂此時身體裡面的每一個「零件」都已達到了它的極限，隨時有可能罷工。聖誕節過後，林語堂的身體更是江河日下，每一次普通的傷風和感冒都是他和死神對話的機會。很快，林語堂的雙腿再也走不動了，他不得不坐上輪椅，這對一輩子以散步為樂趣的他來說已經是失去了半個生命。這段日子，他常看著來去自如的女兒，對她說：「我真羨慕你，想到哪裡就可以到哪裡！」

此時的林語堂已經知道自己大限將至，一個人的時候，他常常坐在輪椅上呆望著外面的天空，一朵雲彩的變幻，一隻飛鳥的掠翅，一聲孩童的啼哭，都會讓他感慨萬千，或許他這時已經領悟到了弘一法師所謂的「悲欣交集」的境界了吧。

該來的還是來了，1976 年 3 月 23 日，林語堂因大量胃出血被送進醫院急救。三天後病情惡化，在經歷了九次心臟停搏之後，1976 年 3 月 26 日晚上 10 時 10 分，林語堂那顆不屈的心終於戀戀不捨地徹底地安靜了。

按照中國人的傳統，逝者總是會盡可能地穿上生前最好的衣服體面地離去，有的人為了這樣一套衣服甚至提前很多年就開始準備了。而林語堂恰恰相反，他在離去的時候給自己選擇了一種特別的方式 —— 赤裸裸地平躺在床上，身上只蓋著一條白色的被單，他真正做到了赤條條地來到這個世界上，又赤條條地離開，無牽無掛，自由自在。

三十七　人生的歸宿

歸隱陽明山

　　在人生的最後日子裡，林語堂表現出了對生命的極度依戀，但這絕對不是意味著他畏懼死亡，相反，他一直在生死的問題上表現出了從容與大度。

> 林語堂認為對一個中國人來說，晚年是人生中最令人嚮往的時期，「他非但不會畏懼老年，而且反將希望這個時期早點來臨，當它是一個最美好最快樂的時期，而時常先預備去享受它。」（《生活的藝術》）林語堂把老年比作四季中的秋天，在他的筆下，秋天風情萬種，充滿活力，「我最愛秋天，它雖然略帶憂傷，但是寧靜、成熟、豐富。翠綠與金黃相混，悲傷與喜悅相雜，希望與回憶相間。」（《林語堂自傳》）

　　秋天，意味著在收穫之後享受豐盈而悠閒的生活，這需要心態與環境的完美配合。林語堂固然有這樣的心態，但美國在他眼裡卻不是理想的養老之地。雖然美國有全世界最完善的養老體系，但美國人對於老年的畏懼和躲避態度讓林語堂不以為然，他認為在美國的街上找不到一個白鬚老者是一種莫大的遺憾。這一點張大千或者于右任可以做形象代言人。美國的老頭，往往人老心卻不服老，但林語堂對此竟然頗有「怨言」：

> 一個人絕不能不老，凡自己以為不老的人，都是在那裡自欺。人類不能和大自然相對抗，則何不安於由此而老呢？生

> 命的交響曲，其終點處應是偉大的和平晴朗，物質舒適和精
> 神上的滿足，而不是破鑼破鼓的刺耳響。（《樂享餘年》）

我想，大概這才是林語堂從美國歸來的最重要原因，思鄉反而在其次。林語堂自己也把回到臺灣稱為「歸隱」，而臺北的陽明山恰恰就是這樣一個歸隱的佳境。1966 年，林語堂在臺灣政府贈予自己的陽明山的一塊土地上親手設計蓋起了一座中西合璧的別墅，林家背靠陽明山，面對淡水河，這也是林語堂選擇這裡定居的關鍵，因為它像極了自己已經回不去的家鄉坂仔的風光──「山中有水，水中有山」，幾十年一個輪迴，林語堂終於再次「看山是山，看水是水」。

林家的整體格局以中式的四合院架構搭配西班牙的建築風格，白色的粉牆與藍色的琉璃瓦混搭，中間鑲嵌著深紫色的圓角窗櫺。一見門，你就可以看到一個透天的中庭，這是中國式四合院的代表，象徵著天人合一的境界，按照林語堂自己的說法，「宅中有園，園中有屋，屋中有院，院有樹，樹上有天，天上有月」。院內，翠竹與奇石交相輝映，竹是蘇東坡的至愛，石是米芾的至愛，兩者都是林語堂崇拜的人物。

而最具畫龍點睛效果的是庭院內用竹、蕨、藤等斑斕各異的植物營造烘托出一個山石環繞的小魚池，池內魚兒悠然自得地穿潛於奇石萍藻之間，令觀魚者也隨之心曠神怡。當

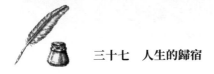

年莊子與惠子在濠上針對魚之樂展開了一個著名的辯論，時
至今日仍為人們津津樂道，其中一句「子非魚，安知魚之樂」
更是讓後人為之唏噓不已。

生死之悟

　　林語堂把人生看成一場航行，我們就像船上的旅客一
樣，坐在船上，沿著永恆的時間之河向前駛去，在某一個地
方上船，在另外一個地方上岸，好讓在其他地方的河邊等待
的旅客上船。

　　這應該是指中國人的人生旅程，如果是美國人，那得換
成地鐵。坐船沒有乘地鐵的準確性，坐地鐵也沒有乘船的隨
意性。乘船時，也許你在某處看到風景很美就可以在這做長
時的流連，甚至，就此「上岸」也說不定。

　　在對待生死的問題上，我最佩服瞿秋白。1935 年 6 月 18
日，一隊國軍士兵押著瞿秋白走到福建長汀羅漢嶺下，他的
生命將在此終結。這天早上，瞿秋白已有預感，他寫了一首
《偶成》：「夕陽明滅亂山中，落葉寒泉聽不窮。已忍伶俜十
年事，心持半偈萬緣空。」本想重新謄寫，時間卻來不及了。
在獄中，瞿秋白曾寫有言志之句「眼底雲煙過盡時，正我逍
遙處」，而今這一時刻終於來臨了。

　　瞿秋白嘴裡叼著香菸，微笑著走在羅漢嶺的路上，突然

他發現有個地方芳草萋萋、景色秀麗，便一屁股坐了下來，對身旁的士兵說：「此地甚好。」於是槍聲響起，他從容就義。

這個世界上，能夠從容看待生死的只是小部分人，而能把死亡當作風景的人更是少之又少。當然，探討生死的哲學其最大的意義並不在於死亡本身，而在其對活著的啟迪意義，能把死亡當作喜劇的人，其生存絕對不會成為悲劇，生命中一個個常人看來微不足道的片段往往都能讓他們視為最好的景色，林語堂就是其中之一，他在《人生的歸宿》中寫道：

> 在很大程度上，人生僅僅是一場鬧劇，有時最好站在一旁，觀之笑之，這比一味介入要殘得多。同一個剛剛走出夢境的睡夢者一樣，我們看待人生用的是一種清醒的眼光，而不是帶著昨日夢境中的浪漫色彩，我們會毫不猶豫地放棄那些捉摸不定、富有魅力卻又難以達到的目標，同時緊緊抓住僅有的幾件我們清楚會給自己帶來幸福的東西。我們常常喜歡回歸自然，以之為一切美和幸福的永恆源泉。儘管喪失了進步與國力，我們還是能夠敞開窗戶欣賞金蟬的鳴聲和秋天的落葉，呼吸菊花的芬芳。秋月朗照之下，我們感到心滿意足。
> （《吾國吾民》）

1996 年，德國拳王馬斯克準備金盆洗手，為了紀念這個特殊的日子，他費盡苦心地邀請了著名的美國歌手莎拉·布萊曼來參加他的告別拳賽，並演唱她的傳世之作《TIME TO

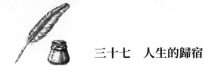

SAY GOODBYE》，而後自己在歌聲中圓滿謝幕。

　　不料，告別賽上馬斯克的對手很不識趣，又或者太投入了，竟然把馬斯克打敗了。在場馬斯克無數的粉絲簡直不敢相信自己的眼睛，馬斯克心中更是無比的落寞。此時，《TIME TO SAY GOODBYE》那悲愴的聲音也隨之響起，穿越在場每一個人脆弱的的心靈，馬斯克哭了，在場的觀眾也潸然淚下……

　　其實，眾人未免都有點神經過敏，既然是告別賽，又何必在乎輸贏。只要心地坦然自在，無論什麼性質的告別，我們都應該微笑的對待，正如普希金說的：「悲傷總會成為過去，而過去的一切，都是美好的！」

　　弘一法師臨終前給好友夏丏尊寫了封信，信中有二偈曰：「君子之交，其淡如水。執象而求，咫尺千里。問余何適，廓爾忘言。華枝春滿，天心月圓。」最後四句詩的意思是：問我將到哪裡去安身呢，前路廣闊，我無言以對。但只見春滿花開，皓月當空，一片寧靜安詳，那就是我的歸處啊。「華枝春滿，天心月圓」，這也是林語堂的歸處。

三十八　所謂率性

> 「當我躺在泥土地上，接觸著泥土、草皮時，我的靈魂似乎鑽進了沙土，快樂地蠕動著。當一個人這麼陶醉時，他就跟在天堂一樣。」
>
> —— 林語堂（《生活的藝術·序》）

自然之子

周國平說：「現代人只能從一杯新茶中品味春天的田野。」當我們已經習慣了被鋼筋水泥、電子垃圾和汽車喇叭聲團團包圍的時候，還有幾個人會像林語堂如此清醒地認識到與大地接近的快樂？

林語堂是幸運的，他的生死都與自然為伍，他也從來沒有把生活獨立於自然之外，就像他在闡述自己的願望時說的那樣：

我要一個可以依然故我不必拘牽的家庭。我在樓下工作時，可聽見樓上妻子言笑的聲音，而在樓上工作時，卻聽得見樓下妻子言笑的聲音。我要未失赤子之心的兒女，能跟我在雨中追跑，能像我一樣的喜歡澆水浴。我要一小塊園地，不要有遍鋪綠草，只要有泥土，可讓小孩搬磚弄瓦，澆花種菜，

餵幾隻家禽。我要在清晨時，聞見雄雞喔喔啼的聲音。我要
房宅附近有幾棵參天的喬木。（《我的願望》）

這是林語堂人生的寫照，他就是這樣的一個自然之子。
與之相比，我們會發現自己的生命竟然如此寒磣，而且這種
可怕的狀況還在日漸惡化。甚至很多人從出生那一刻開始就
不是「自然」的，剖腹產的普及使現在的母親減少了分娩的
痛苦，卻使一個嬰兒缺少了生命中最重要的一次體驗痛苦、
緊張與壓力的機會，以至於將來難以承受社會的「擠壓」，
現代人的精神正在變得越來越脆弱。

熱愛自然並親近自然，按照自然的節奏行進，以自然的
面目示人，這可以算得上林語堂的自然三「法則」。而這些
對我們來說卻足夠奢侈，我們很多人沒有白天與黑夜，只
有上班與下班，沒有喜怒哀樂，只有疲憊與麻木，我們只會
「偷菜」，不會自己種菜。母雞下了蛋便會把喜悅毫不猶豫
的向世人傳達，一隻狗看到不速之客也會憤怒的嚷叫，這都
是來自於一種原始的本能，而人在這一點上已經遠遠不如動
物，甚至退化的有點令人髮指。

林語堂說：「悠閒的生活始終需要一個怡靜的內心，樂天
曠達的觀念和盡情欣賞大自然的胸懷。」按照這樣的標準，
我們即使停下手頭的工作也難以享受到真正的悠閒生活，因
為我們內心已經處於「焦郁碌」（焦急、憂鬱、忙碌）的狀
態無法自拔。

何況中國人還喜歡人為的製造緊張，有笑話解釋中國人為什麼不能有超過兩個以上的太空人上天的原因：因為中國人湊成三人就會「鬥地主」，湊成四人就會打麻將。

很少有人會像林語堂一樣把散步和釣魚作為人生最大的樂趣，我們已經適應不了這樣緩慢的節奏，就像茨威格《象棋的故事》中那個最後敗下陣來的象棋天才一樣，一下棋他的大腦就被迫處於高速運轉當中，以至於他只能走快棋，別人速度一放慢他就狂躁的走火入魔。

最舒服的姿勢

林語堂一直在鼓勵我們以一種最舒服的姿勢生活在這個世界上，而他自己就是這麼做的，這也是他「率性」精神最好的詮釋。

林語堂寫作時從不正襟危坐，而是舒舒服服地躺在靠椅中，兩腳放在面前的矮桌上，捧著一本硬皮的筆記本，一頁寫字，一頁留白。一杯咖啡，一根菸斗作伴，寫累了他就在靠椅中小睡，醒了又繼續寫。

不僅在自己家裡這樣，到了朋友家裡林語堂照樣如此「放肆」：

> 如若我們承認舒服並不是一種罪惡，則我們也須承認我們在朋友家的客室中以越舒服的姿勢坐在躺椅上，越是在對於這

個朋友表示最大的恭敬。簡括的說，客人能自己找尋舒服，實是在招待上協助主人，使他減少煩慮。所以我坐時，每每將一隻腳高擱在茶桌或就近的家具上面，以協助主人。因而使其餘的客人也可以趁此機會拋棄他們的假裝出來的尊嚴態度。（《坐在椅中》）

此外，林語堂還談到了睡覺的藝術，他描述最佳的睡覺姿勢是蜷腿側臥在床上，頭枕著斜度約為 30 度的軟木枕頭，兩臂或一臂擱在頭的後面。他認為這種姿勢可以使任何一個詩人都寫出不朽的佳作，任何一個科學家都作出劃時代的發明。林語堂這段話未免有點「唯我獨尊」，但許多人實踐了之後卻認為不無道理。

久違的照片

本書以一張林語堂的照片說起，所以在結束之時，仍然以林語堂的照片收尾。以下第一張照片是蕭伯納 1933 年訪華時在宋慶齡家門口與魯迅、宋慶齡、蔡元培、林語堂、伊羅生、史沫特萊等六人的合影。

　　1951 年，為了紀念魯迅誕辰七十週年，由巴金、唐弢任主編的上海《文藝新地》刊出了這張照片，但照片上只有五人，其中林語堂、伊羅生兩人神祕地「失蹤」了，這就是第二張照片。

　　伊羅生是美國人，據說思想傾向於蘇聯的「托派」，因此當時「被消失」理所當然。而林語堂的「失蹤」一則源於他用英文寫作，被視為「買辦文人」，一則源於他和魯迅的恩怨，偉大旗手魯迅罵過的人怎麼可能再站在他的身邊！

　　此後 30 年，林語堂正如他在照片上的人一樣，在大陸遠離了人們的視線。直到 30 年後，即 1981 年，宋慶齡去世，新華社發了一組關於宋慶齡生前的照片，這張林語堂與蕭伯納、魯迅等人的「七人照」才重新與世人見面。而後，林語堂和他的作品才漸漸在大陸走入人們的視野，並掀起了一股短暫的熱潮，他的《京華煙雲》更是被拍成電視劇在各地熱播。

　　而現在已經是 2011 年，又 30 年過去了，筆者在中國最大的搜尋引擎百度上打人「林」這個字時，下面馬上羅利出一長串名字，排第一個的是林妙可，第二個是林心如，後面還有林志玲和林志穎等人，遺憾的是沒有林語堂。這使我感到一陣的悲哀，幾十年前在中國大陸林語堂被魯迅打敗了，那是意識形態的問題，好不容易有了翻身的機會，可又跳出一個林妙可把林語堂再次打敗了，這又是什麼問題？

　　60 年，一個甲子的輪迴，林語堂經歷了被動的「遺忘」到主動的「遺忘」的過程，60 年前被遺忘的只是一個林語堂，而 60 年後被遺忘的則遠不止林語堂一個人。比如蔡元培，人們現在只知道他是北大校長，卻遺忘了他後來為了思想自由而辭去北大校長；比如魯迅，教科書裡一輪又一輪的「去魯迅化」正在考驗著他的地位。

　　胡適剛剛回國的時候，意氣風發，在北京的少年中國學會演講時引用荷馬史詩的話大聲向世人宣告：「我們已經回來，世界從此不同。」言語裡充滿著睥睨一切的英雄氣。

　　如今，離胡適回國將近百年了，這股英雄氣正在日漸式微，已到了我們該重讀大師的時候了。

久遠的照片

電子書購買

國家圖書館出版品預行編目資料

塵世便是唯一的天堂！永保赤子之心的幽默大師林語堂：小小鼓浪嶼貫穿一生的愛恨情仇，一根菸斗與含笑面容勾勒出至情至性人生 / 潘劍冰 著 .-- 第一版 .-- 臺北市：崧燁文化事業有限公司 , 2022.09

　　面；　公分
POD 版
ISBN 978-626-332-675-0(平裝)
1.CST: 林語堂 2.CST: 臺灣傳記
783.3886　111012980

塵世便是唯一的天堂！永保赤子之心的幽默大師林語堂：小小鼓浪嶼貫穿一生的愛恨情仇，一根菸斗與含笑面容勾勒出至情至性人生

臉書

作　　者：潘劍冰
發 行 人：黃振庭
出 版 者：崧燁文化事業有限公司
發 行 者：崧燁文化事業有限公司
E - m a i l：sonbookservice@gmail.com
粉 絲 頁：https://www.facebook.com/sonbookss/
網　　址：https://sonbook.net/
地　　址：台北市中正區重慶南路一段六十一號八樓 815 室
Rm. 815, 8F., No.61, Sec. 1, Chongqing S. Rd., Zhongzheng Dist., Taipei City 100, Taiwan
電　　話：(02) 2370-3310　　傳　　真：(02) 2388-1990
印　　刷：京峯彩色印刷有限公司（京峰數位）
律師顧問：廣華律師事務所 張珮琦律師

定　　價：375 元
發 行 日 期：2022 年 09 月第一版
◎本書以 POD 印製